江西省教育厅科技项目《江西产学研合作网络对科技创新绩效影响的建模与仿真》（批准号：GJJ170998）资助；国家自然科学基金项目《社会网络结构嬗变对企业间知识共享的影响机制研究》（批准号：71661022）资助

产学研合作网络对科技创新绩效影响的建模与仿真研究

唐厚兴　著

中国财经出版传媒集团

经济科学出版社
Economic Science Press

图书在版编目（CIP）数据

产学研合作网络对科技创新绩效影响的建模与仿真研究/唐厚兴著．—北京：经济科学出版社，2020.9

ISBN 978 -7 -5218 -1736 -2

Ⅰ.①产…　Ⅱ.①唐…　Ⅲ.①产学研一体化 - 影响 - 技术革新 - 研究 - 江西　Ⅳ.①F127.56

中国版本图书馆 CIP 数据核字（2020）第 130962 号

责任编辑：白留杰
责任校对：齐　杰
责任印制：李　鹏　范　艳

产学研合作网络对科技创新绩效影响的建模与仿真研究

唐厚兴　著

经济科学出版社出版、发行　新华书店经销

社址：北京市海淀区阜成路甲 28 号　邮编：100142

教材分社电话：010 -88191309　发行部电话：010 -88191522

网址：www.esp.com.cn

电子邮箱：bailiujie518@126.com

天猫网店：经济科学出版社旗舰店

网址：http://jjkxcbs.tmall.com

北京密兴印刷有限公司印装

710×1000　16 开　10.25 印张　200000 字

2020 年 9 月第 1 版　2020 年 9 月第 1 次印刷

ISBN 978 -7 -5218 -1736 -2　定价：51.00 元

（图书出现印装问题，本社负责调换。电话：010 -88191510）

前言

近年来，中国经济发展面临着巨大的内外部压力，尤其是以美国制裁中兴、华为等高技术企业等案例为典型，使得中国不得不抛弃“市场换技术”的创新发展路径，走自力更生的科技创新之路显得尤为迫切。在这种背景下，进一步强化经济社会的创新驱动发展战略已成为各级政府以及学界、产业界的共识。那么随之而来的一个重要问题就是我国实现创新驱动发展的有效路径是什么。习近平总书记在不同时间、不同场合都指出了“产学研协同”在推动创新驱动发展上的重要作用，强调“必须推动要素集合，推动协同创新，形成创新力量”“建立以企业为主体、市场为导向、产学研深度融合的技术创新体系”。毫无疑问，产学研协同创新已成为落实创新驱动发展战略的重要实现途径。那么，如何促进高校、企业、科研院所之间进行深度协作，提升原始创新、集成创新和引进消化吸收再创新的能力，不断推动产学研协同创新效果，不仅一直是学术界关注的热点问题，也是政府等管理部门关注的焦点。

产学研协同创新是一个系统工程，涉及多个方面的要素。很多学者都认为产学研协同的本质是知识资源在高校、科研院所、企业等不同组织之间的转移、共享与再创造。随着产学研合作日趋网络化，信息流、知识流和资金流等资源流以产学研合作网络为载体，实现跨组织连通与流动，产学研合作网络越来越成为学术研究机构和企业最为重要的外部环境和获取创新资源的主要渠道。因此，在当今以开放式创新为主要范式的大环境下，产学研合作已由过去的点对点互动合作模式逐渐趋向复杂的非线性复杂网络模式，传统的聚焦于单个企业或者局部的方法无法解决存在的问题，所以有必要从社会网络的视角来理解和探究产学研主体之间的互动合作及其对创新绩效的影响，揭示产学研合作网络结构为什么以及如何对创新绩效产生影响的微观“黑箱”过程，从而为管理实践上构建有效的产学研合作网络结构来提升创新绩效提供理论支撑。这正是本书选题的现实与理论背景。

本书共分为6章，主要内容包括：

第1章，从产学研合作的必要性、产学研合作创新绩效的影响因素、产学研合作模式与路径、产学研合作网络及其对科技创新绩效影响、产学研合作对科技创新绩效影响的传导过程、产学研合作存在的障碍与对策六个方面对相关文献进行了梳理和总结，并指出当前研究存在的主要不足以及未来研究趋势：一是研究视角要转变。本书认为既往研究是基于外生性视角和静态视角，单纯从网络的结构特征、社会资本、知识流动等外部因素来分析其对合作创新的优缺点，而没有关注到产学研合作创新联盟网络结构形成的内驱力以及合作创新整个生命周期发展阶段的动态性，因此未来研究必须转移到内生性视角和动态视角，才有可能发现和解决为什么不同形态的网络结构都可能是最优的（如创新网络不同发展阶段的特性导致匹配的最优网络结构是不同的），从而弥合最优网络结构之争。二是研究着力点要变。本书认为研究的着力点要转移到产学研合作创新最优盟员的动态选择上来，而这正是最优网络结构形成及演化的本质，同时也解决了实践中如何构建出最优网络结构的困境。三是研究的方法要转变。本书认为由于结构方程等统计分析方法在测度网络结构特征对产学研合作创新绩效的影响时存在明显的缺陷，无法有效揭示产学研合作创新网络运作机理的“黑箱”，无法为最优结构的构建提供可操作途径，因此本书认为研究方法应转向以计算机仿真对网络结构形成和演化过程进行理论探究为主、以社会网络分析及统计分析方法进行实证验证为辅的组合模式。

第2章，借助聚类分析软件科学知识图谱工具对中国知网收录的1993~2019年期间我国产学研合作领域的研究文献进行了可视化分析，分别绘制了文献发表年度趋势图，作者合作共现网络图，研究结构合作共现网络图，来源期刊分布图，关键词共现网络图和关键词共现网络的时区、时线图等，主要得出以下结论：一是我国产学研合作领域的研究呈现典型的起步发展、爆发、平稳和转型深化四个阶段，且与政府政策发展导向高度契合；二是学者和研究机构来源多样化的同时又趋于集中化，合作网络核心节点作用明显；三是研究对象从“产学研”转向“政产学研用”，研究焦点从“合作一体化”到“协同创新”再到“产学研协同创新网络”。

第3章，提出了产学研合作网络为什么对其科技创新绩效产生影响，产学研合作网络从哪些因素方面对科技创新绩效产生影响，有什么影响等问题。针对这些问题，本书首先阐明了产学研合作网络与科技创新绩效之间影响作用的逻辑关系，将产学研合作网络对科技创新绩效的影响转化为对知识共享的影响；其次从产学研网络的结构特征对科技创新绩效的影响、产学研网络的结构形态对知识共享的影响方面阐释了产学研合作网络对科技创新绩效的影响，并引出产学研合作网络结构优劣争论的难题；再次从社会资本理论、结构洞理论、强弱连接理论三方面分析了该争论的内在原因；最后基于最优节点度视角，利用仿真模拟的定量分析方法，进一步阐释分析了网络结构疏密之争。

第4章，提出知识空间距离原则是产学研合作盟员选择前提，知识互补原则是盟员交互基础、是合作创新结盟的内驱力，易货原则是知识创新增值的具体方式，并据此构建了产学研合作创新知识交互模型。而进一步的仿真实验结果表明，一方面，在合作创新网络发展初期，小世界网络确实是最优的，这不仅证实了已有文献中提出的在现实世界中会自发产生小世界现象，也证实了组织对于外部知识的需求会内在驱动其形成小世界网络，而并不一定是来自社会资本的外部推动力量。另一方面，当产学研合作创新发展到一定阶段，相对于具有较高密集度的小世界网络而言，其最优网络将转变为稀疏性网络，有的时候则具体为具有较高随机度的随机网络，这也验证了本书的动态性推断。

第5章，旨在通过对产学研合作科技创新过程中各参与者之间知识交换过程的分析阐释，从而构建出产学研合作网络结构对科技创新绩效影响的微观模型，然后基于仿真实验的方法进行测试比较，最终寻找到对提升产学研合作中科技创新绩效产出最有效的网络结构。这项研究是基于一个普遍的假设，即科技创新成果的产出需要一个组织积累所需的足够多的不同类别的知识。而这也正是构建产学研合作模式来实现创新驱动发展战略的理论基础。最终仿真结果表明，无论采用知识交易的混合规则还是易货交换规则，完全随机网络都是产学研合作网络的最优结构，而不是小世界网络。也就是说，本书研究表明，随着产学研合作网络建设中随机性程度的增加，知识扩散和科技创新的效率也随之提高。此外，本书研究还表明，在科技创新的合作网络中，混合规则比易货规则更有效。

第6章，现实中的产学研合作网络会呈现怎样的特征，如何根据这些特征发现其存在的问题，进而提出解决的措施来提升产学研合作的科技创新效率，是一个值得思考的问题。因此，基于2015~2018年江西省科学技术进步奖励获奖名单数据和社会网络分析方法，研究了江西省产学研合作创新网络结构特征，发现从网络节点特征来看，江西省产学研合作不同参与主体的参与深度和强度差异性较大，即高校和企业参与深度较高，但参与广度较低；科研院所的参与深度较低，但参与广度都较高。另外就是，参与主体中，企业和科研院所以省内居多，而相反，高校则是省外数量远高于省内数量。从横截面数据来看，在整体网络结构上，江西省产学研合作创新网络密度较小，网络的节点度数分布相当不均匀。从纵向面数据来看，在整体网络结构上，网络密度有增大趋势，但总体仍是稀疏网络，即产学研合作创新活跃度有所增加，但整体合作合作关系还比较缺乏。从局部网络结构来看，产学研合作创新网络表现出明显的向某几个创新主体集中的趋势，网络中心度更加收敛和集中，即合作创新活动的开展越来越依赖于少数重要个体的参与和连接作用。因此，要提升产学研主体的参与度，发挥核心组织的结构洞作用。

唐厚兴

2020年6月

目　录

第 1 章

产学研合作的相关理论研究综述

1.1 引言

引领发展的第一动力在于创新，进一步加快科技成果的转移转化及应用，以科技创新引领产业的转型升级和经济结构的调整，是提升国家核心竞争力及实体经济发展质量，深化供给侧结构性改革的关键（杨水利等，2019）。而产学研合作创新则正是中国落实创新驱动发展，通过科技进步和技术创新来引导和支撑国家未来经济发展的重要途径。

产学研合作是指企业、研究机构和大学在利益驱动下，运用各自创新资源相互协作所进行的经济和社会活动，是整合企业、高校、科研院所等主体拥有及掌握的资源，促进科技成果转化的重要途径之一。由于产学研合作能够实现优势互补、资源共享、分散风险，提升创新整体效应，因此产学研合作创新已成为许多国家推动经济实现持续增长的重要抓手（申俊喜，2012），并且出台了一系列政策来推动学术研究机构和企业之间加强合作互动，甚至将产学研合作确定为国家科技创新战略的重要决策（朱桂龙，张艺，陈凯华，2015）。那么，如何促进高校与企业、科研院所进行深度协作，提升原始创新、集成创新和引进消化吸收再创新的能力，不断推动产学研协同创新，不仅是学术界关注的热点问题，也是国家战略层面上的要求（黄菁菁，2019）。

在此背景下，产学研合作引起了国内外学者的广泛关注，尤其产学研合作如何影响合作主体创新能力及绩效成为学术界的焦点议题。因此，本章主要对国内外相关文献进行梳理，从产学研合作的必要性、产学研合作创新绩效的影响因素、产学研合作模式与路径、产学研合作网络及其对科技创新绩效影响、产学研合作对科技创新绩效影响的传导过程、产学研合作存在的障碍及其对策六个方面进行总结和论述，最后指出现有研究存在的不足与未来研究趋势，并据此阐释本书的研究切入点和潜在的创新之处。

1.2 产学研合作的必要性研究

从宏观政策背景来看，习近平在不同重要场合都着重指出创新驱动发展、推动产学研协同创新的重要性。例如，2012 年 12 月 7 ~ 11 日在广东考察工作时的讲话指出"要大力实施创新驱动发展战略，加快完善创新机制，全方位推进科技创新、企业创新、产品创新、市场创新、品牌创新，加快科技成果向现实生产力转化，推动科技和经济紧密结合"。① 在2014 年6 月9 日的中国科学院第十七次院士大会、中国工程院第十二次院士大会的讲话上，又进一步指出"实施创新驱动发展战略是一个系统工程。科技成果只有同国家需要、人民要求、市场需求相结合，完成从科学研究、实验开发、推广应用的三级跳，才能真正实现创新价值、实现创新驱动发展"。②而在十二届人大三次会议期间则进一步提出："必须推动要素集合，推动协同创新，形成创新力量。"③ 2017 年 10 月 18 日，习近平在党的十九大中再次强调了创新的重要性，并指出，"深化科技体制改革，建立以企业为主体、市场为导向、产学研深度融合的技术创新体系"。④《中共中央国务院关于深化科技体制改革加快国家创新体系建设的意见》则进一步明确指出，要强化"产学研用"紧密结合，促进科技资源开放共享。另外，《国家中长期科学和技术发展规划纲

①② 人民网—中国共产党新闻网—专题报道—学习路上—论述摘编—回顾十八大以来习近平关于科技创新的精彩话语。http://cpc.people.com.cn/xuexi/n1/2016/0531/c385476-28398570-2.html.

③ 人民网—中国共产党新闻网—中国共产党新闻—高层动态—习近平到上海代表团参加审议。http://cpc.people.com.cn/n/2015/0305/c64094-26644572.html.

④ 人民网—传媒—本网原创—习近平作十九大报告 八次提到互联网。http://media.people.com.cn/n1/2017/1018/c120837-29594814.html.

要（2006~2020年）》也把“产学研结合”作为“建设中国特色国家创新体系”的突破口，明确了产学研合作在建设国家创新体系中的中心地位，明确了企业在科技成果转化、推广及技术创新上的主体地位，同时也明确了高校和科研院所作为科技成果源头提供者的角色定位。由此可见，创新驱动发展、增强自主创新能力已成为国家重要战略，而产学研协同创新则成为落实创新驱动发展战略的重要实现途径。

从微观理论背景来看，由于创新，尤其是高端技术创新活动纷繁复杂，基于单个企业研发活动的“封闭式创新”形式受到限制。而随着大学、研究所等科研机构自主创新能力的提高、知识型员工流动频率的加剧及信息技术的飞速发展，企业创新活动的边界趋于模糊，因此“开放式创新”日益受到大众青睐，并逐渐成为现代技术创新的主导模式（高正，马鹏程，陈志军，2018）。进一步而言，在当今以“开放式创新”为主要范式的知识经济时代，由于知识更新速度不断加快，依靠单个创新组织自身的研发力量实现不断创新变得愈加困难，于是越来越多的大学、科研机构和企业积极参与跨组织合作来获取知识和技术溢出，从而实现自身创新水平的不断提升，以此来应对知识（技术）更新速度日益加快所带来的机遇与挑战（刘凤朝，姜滨滨，2012）。而且，产学研合作创新可以整合各方优势创造新知识、开发新技术，既是企业提高技术能力、形成核心竞争优势的制胜法宝，也是政府提升产业竞争力、推动区域经济发展的有效手段（Galán-Muros，Plewa，2016）。同时产学研合作还是国家创新体系的重要组成部分，其一方面有利于促进技术交易，从而拉动国家和区域经济持续增长；另一方面也有利于促进“大众创业、万众创新”，支撑传统产业转型升级和产业结构调整（黄明东，李炜巍，黄俊，2017）。

进一步来看，我国大部分企业的创新能力及科技成果转化能力普遍不足，产业技术空心化严重，大量的科技成果资源主要集中在以高校和科研院所为主体的技术创新体系之中，因此产学研合作也成为现实与急需的选择。相比而言，产学研合作创新不仅是跨组织式的合作，而且强调多方主体参与协作，主张共享专业知识和技术，为共同的目标相互协调运作，从而较好地实现创新资源的优化配置，达到科技成果与市场需求同步的最终目的（董锋等，2018）。特别的，产学研合作是战略联盟的一种重要和特殊形式，是企业和高校科研院所获取互补性资源、共享技术和知识的主要渠道（马文聪等，

2018）。由此可见，产学研合作也是企业、高校、科研院所不同主体面对市场竞争环境而采取的共同选择。

1.3 产学研合作创新绩效的影响因素研究

1.3.1 产学研主体特征与合作伙伴选择

王宏蕾，张旭东（2019）指出现有关于产学研协同创新的研究忽视了协同创新中异质性主体的交互过程及其存在的问题探索。众所周知，产学研合作涉及多个主体，尤其是不同主体，由于其组织目标的根本性差异使得主体特征必然会对合作绩效产生最直接的影响。例如，方刚，顾莉莉（2019）指出，知识互补性和知识吸收能力，与产学研跨组织知识转化的行为积极性呈正相关；知识传递方知识支出的知识私有价值和知识转化平台的占用率，与产学研跨组织知识转化的行为积极性呈负相关；内部知识的外部化过程所产生的支出费用在一定程度上会影响创新主体间展开知识转化的行为积极性。另外，企业知识吸收能力均对产学研合作创新绩效存在显著正向影响，企业自身具备较强的知识吸收能力，能够保证企业快速融入产学研合作团体，提升外部知识获取效率，不可避免的是选择不同的合作伙伴也必将对合作绩效产生影响（李明星等，2019）。因此学者们从组织发展战略、组织知识吸收能力、组织领导力、如何选择合适合作伙伴等方面分析了主体要素对产学研合作创新绩效的影响。

马文聪等（2018）就指出，产学研合作中伙伴选择和知识共享是影响合作绩效的关键因素，而伙伴匹配性的三个维度，即目标协同性、文化相容性和创新资源或能力的互补性对合作绩效都具有显著的正向影响作用，且创新资源或能力的互补性这一变量对合作绩效的影响更大。另外，知识共享在目标协同性、文化相容性对合作绩效的影响中起到了完全中介作用，而在创新资源/能力互补性对合作绩效的影响中则起到了部分中介作用。进一步的研究表明，合作伙伴的选择很多时候依赖于合作伙伴的特征，因为合作伙伴特征及目标的不同将产生不同的绩效（曹霞，于娟，2016）。例如，企业规模对产学研合作创新绩效存在显著正向影响，因为与小企业相比，大企业往往具有领先的技术优势，为保持这一优势，规模大的企业更倾向于与其他主体开展产学研合作（李明星等，2019）。

合作伙伴在目标、文化上存在分歧导致貌合神离，伙伴错配而未能发挥各方资源能力的协同效应，以“短平快”“交钥匙”等合作方式为主不利于知识共享和新知识创造（李梅芳等，2012；吴慧，顾小敏，2017）。进一步研究表明，这种错配现象的根源其实就在于产学研合作主体之间的异质性。一直以来，高校、科研机构、企业、政府都在促进技术转移，致力于提高技术转移效率，但结果往往难以令技术转移双方都满意。科研机构及高校转移的技术通常不是企业所需的技术，转移过程存在错位现象，而导致这种技术转移错位现象的原因可能是供需双方对技术的价值定位不同，在技术转移过程中，如果供需双方对技术的价值定位出现偏差，所供与所需不匹配，就会影响技术转移效率（曾明彬，李玲娟，2019）。

组织间知识协同性与知识转移能力均对产学研合作创新绩效存在显著正向影响，因为组织间知识与文化高度协同性能够保证知识在不同主体间顺利传播，这既有利于提升组织间知识转移能力，也能够有效克服由于知识不匹配带来的知识融合障碍，从而加快产学研联盟内部知识传递速度（李明星等，2019）。方刚，顾莉莉（2019）也指出，外部知识的内部化过程中，协同各方知识较高的互补性和有效吸收，能够促进知识转化带来的知识价值收益。因此，创新主体在实际选择合作方时，应关注其知识与自身知识的互补性，选择具有较高互补性知识的合作方能够实现双方的知识增值效应。产学研合作主体之间这种互补、兼容性关系实际上反映了合作过程中，企业和高校、科研院所等异质性组织之间协同与契合效应，即产学研合作耦合关系。杨水利等（2019）就指出，产学研合作耦合关系对科技成果转化绩效存在显著正向影响，因为在产学研深度合作的情况下，各创新主体不仅建立了互惠互利的耦合关系，而且能够在合作过程中通过自身创新能力的建设，最大限度地集合各种资源，提升自身能力，因而促进了科技成果的转化。另外，从文献计量学研究视角来看，文献作者之间的动态合作关系是知识流动与共享的重要表现，而三螺旋互信息算法（Triple Helix Algorithm）基于所采集文献的作者所属机构信息，计量与分析来自不同创新主体的作者之间的动态合作关系，通过测度大学、产业和政府研发机构之间能量流动的互信息转接量，来研究三螺旋网络关系的耦合效应。显然，政产学研协同创新的耦合效应越显著，知识链、产业链、创新链和价值链的连锁反应越突出，则意味着产学研协同创新的效果越好，然而实证结果发现，我国大多数省级行政区政产学研合作体系的耦合效应比较差，区域创新体系的整体优化程度、结构性条件不合理（李培凤，2018）。

企业如何选择产学研合作伙伴才能够最大限度地实现知识互补效应，对于走在提升自主创新能力道路上的中国企业而言，这一困局的破解显得尤为迫切（李梓涵昕，朱桂龙，2019）。因此，他们指出，在产学研合作伙伴选择时，应该坚持以企业自身实际情况为依据，寻找与企业发展情况和自身技术力量相匹配的合作伙伴，即选择那些知识深度和知识结构方面具有较强互补效应；而合作目标、观念方面差异不大的高校，则不要盲目地与研究型综合实力较强的高校合作，因为该类型的高校知识深度较大且其知识结构和体系也较为完整，多以基础性和应用性共性技术为研究焦点，所以其对企业吸收能力要求较高（李梓涵昕，朱桂龙，2019）。

1.3.2 知识管理

伴随互联网和知识经济时代的来临，开展跨部门乃至跨边界的协同创新以获得知识是提升企业竞争力的关键（Hermans & Kauranen，2005）。有学者认为产学研合作主要目的恰恰在于完成高校与企业组织间的知识和技术转移（李梓涵昕，朱桂龙，2019），而技术转移则被认为是产学研合作中连接企业与高校及科研机构的重要桥梁（王永梅，王峥，张黎，2014）。那么寻求提高科技成果转化和知识整合效率的路径，促进需求驱动下产学研创新主体之间的知识转移成为业界关注焦点（Siegel et al.，2003）。因此，从知识管理视角来探索知识搜索、知识流动、知识共享、知识转移、知识产权等因素对产学研绩效的影响就成为一种必然趋势。

例如，有学者指出，产学研合作的本质是知识在不同组织间的转移与共享，而且知识转移的过程特性正向影响着产学研合作的效率（Bonaccorsi & Piccaluga，1992；Yves，2000）。知识转移渠道的选择对协同创新绩效的影响具有重要作用（Koschatzky，2002）。因此，如何提高产学研合作中知识转移的效率并在此基础上建立相应的转移机制，成为目前企业、高校以及研究机构关注的一大难点，也是推进我国产学研合作向前发展的重要方面。王海军、成佳和邹日菘（2018）则认为在知识经济情境下，知识转移对于产学研用合作创新的绩效至关重要，他们认为模块化不但有助于推动企业与高校、科研院所从“面对面”转向“背靠背”的产学研用协同创新，更有利于调节知识供需双方的知识转移策略，模块接口则作为知识供需双方消除信息不对称、实施知识转移的重要管道。薛澜，姜李丹，黄颖和梁正（2019）的实证研究结果表明，资源异质性对产学研协同创新具有显著的促进作用，但随着产业生命周期的不断推进，知识吸收对此促进作用经历了“负向调节效应较大—负向调节效应缩小—正向调节效应加强”的动态调节过程，而知识扩散则经历了“正向调节效应较小—负向调节效应出现—负向调节效应增大”的动态调节过程。

1.3.3 研发投入

科研与开发（R&D）投入已经普遍被学者们认为是影响产学研协同创新绩效的关键性因素之一。例如，李明星等（2019）认为，企业研发人员与经费投入也是影响产学研合作创新绩效的重要因素，人员与经费是企业开展产学研合作的基础，充足的科研人员与科研经费投入能够保证产学研合作顺利进行。

当然，也有学者提出，R&D 投入作为产学研协同创新的一种基本要素，其作用于产学研协同创新的过程要受多方面因素的影响，其中，人力资本投入的作用不能忽略，因为人力资本贯穿协同创新活动的始终，是 R&D 投入转移与吸收的载体。人力资本投入规模和速度上的差异，决定了 R&D 投入的质量和技术学习能力，对 R&D 溢出及整个产学研协同创新效率起着关键性的作用。可见，忽略人力资本投入对 R&D 投入的影响，仅盲目通过增大 R&D 投入来提高产学研协同创新绩效必然是事倍功半（黄菁菁，2019）。

1.3.4 外部环境

产学研合作涉及诸如政府、消费者等主体，以及整个大的宏观环境。因此外部政治、法律、科技、社会等宏观环境因素必然对产学研合作及其绩效产生重要影响，有的时候甚至是决定性影响。例如，李林等（2020）指出，政府介入度对项目成功度的直接作用和间接作用同时存在，政府介入度显著影响产学研协同创新运行机制选择，不同的政府介入形式与程度对产学研协同创新运行机制选择和项目成功度的影响程度不同。而李明星等（2019）进一步指出，在传统产学研合作关系中，政府并不直接参与产学研合作，而是通过提供政策便利及科技经费支持等手段促进产学研合作。例如，政府在职业院校产学研合作发挥了“高位导控”作用（熊建国，2020）。由此可见，政府政策支持与经费支持均能够显著提升产学研合作创新绩效，因为政府政策支持不仅能够为产学研合作创新提供良好的生存环境，而且政府经费支持能为产学研合作直接注入了资金活力。同样，刘一新，张卓（2020）在研究政府资助与产学研协同创新绩效关系时，其实证分析也表明，政府资助对新产品销售收入有显著的正向影响，对产学研联合专利存在负向影响但不显著；区域开放度与政府资助存在正向交互作用，并对新产品销售收入和产学研联合专利均有积极影响。

进一步，李明星等（2019）还指出，区域法律环境与经济环境也是影响产学研合作创新绩效的重要因素，区域法律法规完善性对产学研合作创新绩效提升具有显著正向促进作用，因为良好的法律环境一方面能够强化区域内产学研合作流程的规范性；另一方面产学研合作过程中遇到的诸多问题也变得“有法可依”，这将极大程度上提升各参与主体开展产学研合作的信心。方刚和顾莉莉（2019）指出，单方违约惩罚作为行业环境下对于承诺的重视程度衡量指标，与跨组织知识转化行为积极性呈正相关。产学研协同知识转化行为积极性和协同创新绩效很大程度上受到外部环境的影响。政府可制定相关激励政策和产业政策，以补贴、奖励等方式促进产学研协同创新各方的积极性，并实施限制性惩罚措施，以降低“搭便车”行为。此外，产学研协同双方应带头完善承诺机制，合力营造重视良好信誉的行业氛围，以此提高单方违约惩罚力度，从而促进产学研跨组织知识转化行为，推进协同创新。

当然除了社会环境，自然环境要素也会对产学研合作产生影响。例如，随着“创新驱动发展”大战略的提出，受制于我国科技、经济发展的区域不均衡性，跨区域产学研合作必将长期普遍存在。地理距离对产学研合作创新绩效的影响方向和影响程度，成为有待深入研究的一个重要问题。陈光华，王烨和杨国梁（2015）的研究表明，地理距离对专利产出的影响不显著，对新产品产出有显著的负向影响。进一步，成泷等（2020）的研究则表明，地理临近性对产学研合作创新持续性不具有显著影响；相反，知识相似性和身份相似性则对产学研合作创新持续性产生显著影响。

1.4 产学研合作模式与路径研究

王海军，祝爱民（2019）通过对产学研合作创新理论模式相关文献进行梳理和总结，基于合作程度（浅层、深层）和知识流动方向（单向、双向），将中国的产学研协同创新模式分为四大类，分别是：（1）研发团队入驻企业，产品收益分成；（2）研发外包，一次付款外包，提成支付，分期付款外包，技术接力，技术专利；（3）共同组建经济实体，战略联盟，共生，技术入股，紧密合作；（4）联合研发，共建研究机构。将国外的产学研协同创新模式也分为四大类，分别是：（1）委托研究，商业协议；（2）咨询，专业培训，专利许可；（3）学术创业，研究联盟，项目合作研究；（4）合作研究，联合出版，商业协议。

于琪（2019）对国外五种具有代表性的产学研协同创新模式进行了汇总，本书将其重新整理，如表1-1所示。

表1-1　国外五种代表性的产学研协同创新模式

国别	表现形式	主要类型
美国	产学研协同创新模式	大学科技园、企业孵化器、合作研究中心、契约合作研究、咨询协议、技术入股合作模式、大学衍生企业模式
英国	高校协同创新模式	教学公司模式、沃里克模式和剑桥科学公园模式
德国	校研机构协同创新模式	共性模式和个性模式
日本	产学研协同创新模式	共同研究、委托研究、委托研究员制度、企业捐赠制度、设立共同研究中心、建立科学园区、日本学术振兴等
韩国	产学研协同创新模式	大学科技园、委托开发研究、产业技术研究组合、产学研合作研究中心、参与国外产学研合作等模式

于海宇（2019）针对政产学研协同创新提出了三种运行模式，即政府主导模式、高等院校和科研院所主导模式、企业主导模式。进一步，縻志雄和张斌（2019）总结认为目前我国形成了三类较为成功的产学研协同创新模

式：一是企业和科研机构、高等院校，联合建立研究开发中心和博士后流动站等实体，以事先签订的法律合同规定各自的权利和义务推进技术产业化；二是以科技园和专业孵化器为载体推进产学研合作；三是企业、科研机构和高等院校合资建立企业。

雷小苗，李良艳和王蓉（2020）指出，针对中国近年来的创新实践表现来看，存在论文、专利等基础研究成果激增而核心技术仍然极大地依赖于国外的这种学术研究机构与企业之间的“错位”和“脱节”问题，因此必须要从产学研合作的本质和规律出发，且新一轮产学研合作须打通四条路径，即“明产权”“走出去”“引进来”“建桥梁”。

1.5 产学研合作网络及其对科技创新绩效影响的研究

随着产学研合作日趋网络化，信息流、知识流和资金流等资源流以产学研合作网络为载体，实现跨组织联通与流动（刘芳，2012），产学研合作网络越来越成为学术研究机构和企业最为重要的外部环境和获取研究题材及创新资源的主要来源（蔡宁，潘松挺，2008）。因此，在当今以开放式创新为主要范式的大环境下，产学研合作已由过去的点对点互动合作模式向日渐复杂的非线性网络模式转变，因此有必要从社会网络的视角来理解和考察学术研究机构与企业之间的互动合作（张艺，尤明莲，朱桂龙，2018a）。在此背景下，产学研合作网络如何给组织的科技创新绩效带来影响，这个议题开始引起国内外学者的关注。

嵇留洋等（2018）认为协同创新是一种更复杂的创新组织方式，主要目标是形成一种协同互动的网络创新模式，通过资源整合与各创新主体之间的深入合作，最终产生系统叠加的非线性效用。不过，在这个系统中，高等院校、企业、研究机构是核心的创新主体，而政府、金融机构、中介机构、非营利组织等是辅助创新主体。同样，方刚和顾莉莉（2019）也认为，产学研协同创新是以企业、高等院校和科研院所三者为知识主体，为有效开展知识创新活动、提高各方知识创新能力而组成的知识网络组织。

还有，企业在寻求与外部组织的合作中，各创新主体会自发地形成一种非正式的合作网络。高霞，其格其，曹洁琼（2019）指出，开放式创新是构建在新的组织网络化关系基础之上的，而且较之封闭式创新的网络在战略、过程、关系等方面更具复杂性。因此，他们从网络视角、动态层面综合考察企业跨组织合作开放度对创新绩效的影响，从深化开放式创新与创新绩效关系的研究探讨产学研合作创新网络中企业合作开放度对创新绩效的影响，其研究结果表明：研发合作开放度与创新绩效间的关系存在一个边际合作效应递减的学习效应曲线的 U 形区域；从动态能力的角度看，开放度对创新绩效的作用可能会出现动态循环的态势，表现出类似波浪形的学习效应曲线。

信息沟通渠道与合作紧密度也是影响产学研合作创新绩效的重要因素，这是因为一直以来，信息不对称都是影响产学研合作的障碍，而组织间信息沟通渠道完善性则能够使高校技术输出与企业技术需求有效对接（李明星等，2019）。在此基础上，企业、高校与科研院所间形成的紧密产学研合作网络，既能够增强主体间的信任，促进知识共享，也能够使企业与高校和科研院所形成长期稳定的合作关系，从而有利于企业及时获取最新的技术知识。进一步，产学研合作形成了合作主体间的社会网络，而衍生于该网络中的网络惯例是被合作各方普遍认同的一种行为准则和规范共识，用于指导网络成员间的联合方式和行为方式，而从网络惯例对合作创新绩效的正向影响看，网络惯例的存在有利于维持网络组织的高效运行，维护网络成员之间的关系，降低组织间沟通成本，提升组织间学习效率，因此能提高产学研合作的创新绩效（卢艳秋，叶英平，2017）。

产学研合作网络除了由于其连接而产生的社会资本，进而形成信任氛围、畅通信息渠道，提升知识转移效率之外，网络自身形成的结构特征也将对创新绩效产生极大的影响。产学研合作网络是一个庞大而复杂的整体，不同合作主体形成了不同特征的合作网络。在“大科学”时代，创新网络结构本身也逐渐成为创新能力的关键决定因素，其演化特征的测度与评价也成为科技创新能力评价研究的新方向（高霞，陈凯华，2015）。因此，近年来越来越多的学者开始关注产学研合作创新网络结构的相关议题，主要有以下几个方面：

一是聚焦产学研合作创新网络结构特征及其演化问题。例如，刘凤朝，马荣康，姜楠（2011）基于“985 高校”与其他高校、研究机构以及企业之间的产学研专利合作网络，发现其呈现明显的阶段特征，不同类型的子网具有不同演化路径，且“985 高校”所属的区域在区域内与区域间专利合作中还呈现出不同的空间演化模式。陈文婕，曾德明，邹思明（2016）基于对全球低碳汽车技术合作创新网络的特征和演化路径的分析，发现在其创新网络中行动者之间连接不紧密、信息传播速度较慢、呈现网络密集度逐步提升的网络演化路径且核心组织逐渐凸显的趋势。陈伟等（2014）通过构建海洋产业产学研合作创新网络，发现该类创新网络具有无标度、同配性质和非 Hub-club 结构特征，大学和研究机构占据网络的集聚节点位置，企业的影响力和控制力较弱。王璐璐，张卓，刘一新（2018）基于 2015 年江苏省 28 所高校的联合专利数据构建了产学研合作创新网络，研究表明江苏省高校的产学研合作创新网络具有较低的网络密度，表现出明显的小世界特性，显示不同高校在获取和利用资源的能力上具有不同的水平。

二是聚焦产学研合作创新网络结构对创新绩效的影响。例如，何郁冰，张迎春（2017）指出产学研合作的网络化趋势影响着企业和学术研究机构之间的知识转移、共享与整合，探讨网络嵌入性对产学研知识协同绩效的影响机制具有重要意义。曹霞，刘国巍（2015）研究发现网络平均节点度与网络平均创新绩效之间存在连接分叉和跨临界分叉的组合现象，择优连接机制更有利于提升无标度偏好网络平均创新绩效。李守伟，朱瑶（2016）运用多元回归分析验证合作创新网络结构对创新绩效的影响，结果显示合作创新网络的节点度对企业经济和社会创新绩效有一定的正向促进作用、中介中心度对企业经济创新绩效有正向影响、结构洞对企业经济和生态创新绩效有正向促进作用。林少疆，徐彬，陈佳莹（2016）采用结构方程模型，分析了企业创新网络结构嵌入性对协同创新能力的影响，结果表明创新网络结构嵌入性的网络规模、网络异质性、网络开放度三个维度与协同创新能力、共生行为之间均存在显著的正相关。李晨蕾，柳卸林，朱丽（2017）运用社会网络分析方法构建了国际研发联盟网络，其实证研究表明结构洞与创新绩效负相关，网络紧密程度与创新绩效正相关。张艺，尤明莲，朱桂龙（2018a）的实证研究发现，学术研究机构科研团队的位置中心度和网络规模都对其学术绩效呈现倒 U 形影响关系。他们的进一步研究还表明，产学研合作网络对学术绩效的影响依赖两条路径：一是产学研合作网络通过非线性（倒 U 形）方式作用于探索性学习，然后探索性学习再以线性（正向）方式作用于学术绩效；

二是产学研合作网络通过线性（正向）方式作用于开发性学习，然后开发性学习再以非线性（倒 U 形）方式作用于学术绩效（张艺，尤明莲，朱桂龙，2018b）。这些研究表明，产学研合作网络对学术研究机构学术绩效的提升是一把“双刃剑”，这意味着，如何有效地管理和配置与产业界之间合作网络关系，是学术研究机构提高学习能力和取得良好学术绩效的关键。进一步的研究还表明，创新主体合作行为与网络结构之间具有协同互动关系，并且市场机制和政府调控的作用越大，两者间协同互动作用越明显（曹霞等，2020），联盟网络嵌入正向影响企业协同能力和创新绩效，协同能力在结构嵌入和关系嵌入对创新绩效的影响中起部分中介作用，知识刚性负向调节协同能力与创新绩效的作用关系（吴兴宇，王满，2020）。

三是从网络结构视角提出提升合作创新绩效的对策建议。例如，王璐璐，张卓，刘一新（2018）指出，考虑到探索式创新主体需要占据较多的结构洞以获取多样化的非冗余信息，而对于利用式创新则是占据较少的结构洞更有利，因此高校可以根据自身在网络结构中占据结构洞数量多少以及从事的创新活动性质来选择对应的增洞策略、减洞策略还是维持策略。林少疆，徐彬，陈佳莹（2016）提出，从创新网络结构嵌入性分析来看，企业需尽量扩大其所在网络规模，提高资源异质性，构建更开放的创新网络；而从企业自身行为来看，网络结构嵌入性是一种相对静态优势，企业进行创新活动过程中需优化资源配置模式，扩展共生界面，提高知识、信息、能量在创新网络中流动的效率和速率，最终提高企业协同创新能力。李守伟，朱瑶（2016）在研究新能源汽车产业的合作创新网络结构时指出，企业拥有合作网络结构的不同地位将导致其对创新活动存在不同的态度，具有创新资源控制权的企业更依赖于自身能力，倾向于通过整合外部资源来影响和控制整个行业发展方向，而处于网络结构中劣势地位的企业相对来说更依赖于创新为企业带来的经济业务上的突破，特别是资源稀缺性导致其更倾向于选择对既有先进技术的模仿。因此，在协同创新网络中处于不同地位的企业要合理利用所拥有的资源，尽可能发挥资源的利用价值，借助外部网络关系将获得的资源内化为生产力，提高创新绩效的同时利用自身在网络中的地位给其他创新主体传播新知识、新技术和新工艺等信息，达到一种合作共赢的局面，促进整个产业的快速发展。

1.6 产学研合作对科技创新绩效影响的传导过程研究

已有研究对产学研合作与企业绩效之间的促进作用关系进行了大量验证，却少有学者对其内在作用机理进行探讨。高正，马鹏程，陈志军（2018）基于动态创新能力视角的实证研究发现：产学研合作特征强度、产学研关系特征强度与动态创新能力正相关，而动态创新能力中的塑造能力维度与重构能力维度正向影响企业绩效；企业动态创新能力中的塑造能力维度与重构能力维度在产学研合作特征强度与企业绩效之间起完全中介作用，在产学研关系特征强度与企业绩效之间起部分中介作用。将该结论进行重新整理，可得其影响传导过程如图 1－1 所示。

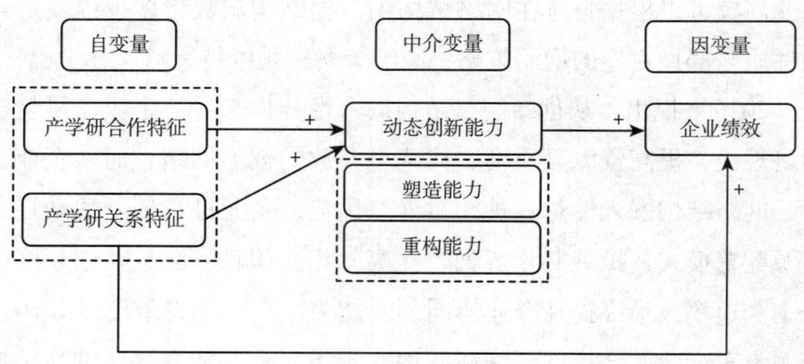

图 1－1　产学研合作/关系特征对创新绩效影响的传导过程

李梓涵昕，朱桂龙（2019）从产学研合作中的主体差异性视角探索了其对知识转移（企业绩效）的影响，实证结果发现，产学研合作主体目标差异对于学习意愿和吸收能力与知识转移之间的关系存在负向调节效应，主体合作目标差异程度越大，企业学习意愿和吸收能力对知识转移的促进作用越低；合作主体知识技术差异对吸收能力与知识转移的关系具有显著的倒 U 形影响，高程度的知识技术差异减弱吸收能力对知识转移的影响，而知识技术差异程度过低也将负向调节吸收能力对知识转移的影响。将该结论重新整理，可得其影响传导过程如图 1－2 所示。

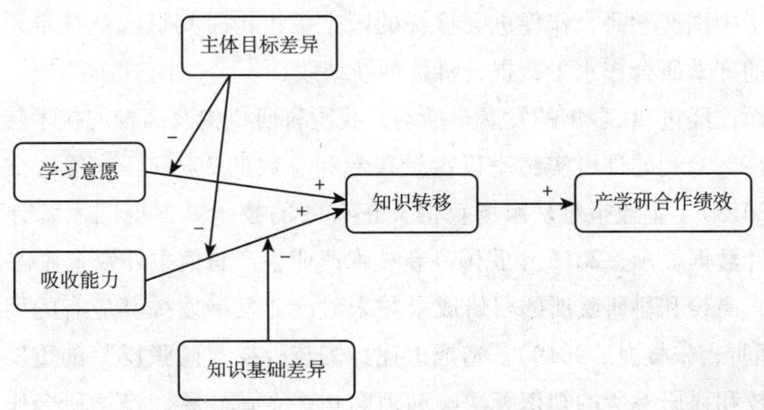

图1－2 产学研合作主体特征、目标差异对创新绩效影响的传导过程

卢艳秋，叶英平（2017）认为网络惯例是影响产学研合作创新绩效的关键因素，因此以组织间学习为中介变量，构建网络惯例、组织间学习影响合作创新绩效的理论模型，结果表明在产学研合作中网络惯例对合作创新绩效的影响呈现倒U形，即网络惯例存在“门槛效应”，同时组织间学习在网络惯例和合作创新绩效之间起到显著的中介作用。将其重新整理，得到影响传导过程如图1－3所示。

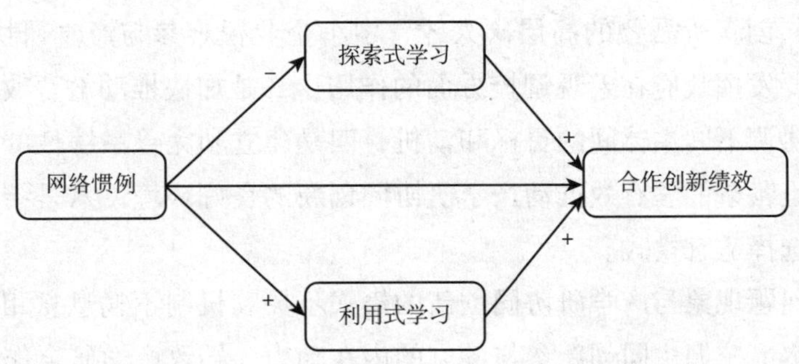

图1－3 网络惯例对创新绩效影响的传导过程

1.7 产学研合作存在的障碍及对策研究

由相关的资料可以知道，我国在1992年已经从国家层面开始启动了产学研合作方面的工程，而且几十年来持续出台了很多的推进政策，甚至2007年

还成立了中国产学研合作促进会这样的国家级机构，其目的就是希望不断提升我国的产学研合作水平，提升科技创新绩效。

然而，经过20多年的发展与推动，我国科研机构及高校的技术转移效率依然不高，专利的许可实施率仅占授权专利总数的2%（王海军，成佳，邹日菘，2018），企业很难从市场获得真正有效的技术。根据国家统计局相关科技统计数据显示，2016年我国高新技术产业生产总值中外资企业占据54%的份额，高校和科研院所的科研成果并未对产业发展发挥其应有的促进作用（李梓涵昕，朱桂龙，2019）。造成上述经济与科技“两张皮”的重要原因在于，高校和科研院所的知识无法顺利地向相关企业转移，产学研合作在提升自主创新能力方面未能发挥应有的作用（肖丁丁，朱桂龙，2016）。

面对这样的窘境，不得不进一步思考我国产学研合作究竟存在什么样的障碍，其根源是什么，有什么样的破解对策？因此有学者开始关注技术转移过程，并且寻找技术转移效率低的原因，力求为我国技术转移有效推进提出可行建议。郭东明（2014）认为我国产学研协同创新突出矛盾是合作深度不够、行为短期等问题，产学研的结合始终停留在解决短期、具体的技术问题上，产学研协同创新对于企业的技术创新支撑效应尚不显著。糜志雄，张斌（2019）指出，目前存在的问题主要是创新主体的目标定位有所差异、缺乏产学研协同创新所需要的高层次人才，中小企业很难参与产学研协同创新，因此一是要发挥政府在宏观调控方面的作用，二是加快推动教育改革，三是需要有效协调不同主体间的目标和动机，四是建立和完善系统性的人才引进制度；五是营造能够有效推动产学研协同创新的良好环境；六是结合所在区域的特点选择适宜模式。

这些问题现象与产学研协同创新的模式不灵和机制不畅息息相关，从而难以从根本上挖掘协同创新参与各方的内在动力，导致产学研合作失败率居高不下（谢科范，董芹芹，张诗雨，2009）。确实，余维新等（2018）也指出，产学研合作创新实质上是产学研组织在知识层面的通力协作，然而激励机制不完善与知识溢出效应的双重作用使得协同度不高。可见，如何发挥有效的激励机制，提升协同创新内在动力很关键。由此，余维新等（2018）进一步指出，基于知识产权对李嘉图租金进行线性分配的方式，对产学研协同创新激励效果有限，其原因在于，企业与学术研究机构承担的风险与获得的收益严重不对称，企业占有帕累托租金的剩余控制权和索取权；学术研究机构无法获得帕累托租金，却承担着风险。因此，针对这一困境，他们指出企业可以分享帕累托租金以激励知识协作，学术研究方可以弱化知识产权进行知识共享，使得产权结构由私有性产权向关系性产权转变。关系产权使得知识产权从传统的隔离机制转化为联结机制，分享帕累托租金的产权成为协调机制。合作关系转向相互依赖，我中有你，你中有我，促使各方在长期稳定的合作关系中共同进化，实现协同效应。针对这种新型相互依赖关系，嵇留洋等（2018）认为，许多参与主体缺乏对“协同”的深刻认识，在实施上手足无措是目前产学研协同创新面临的困境，而在适当的市场条件下，互惠性偏好及演化可以实现产学研互惠性合作，实现对传统合作模式的超越，进而克服“协同”瓶颈，完成真正的“协同”，推进产学研协同创新迈上新的高度。

如何发挥治理机制效应，提升产学研合作中各种治理机制关键因素的影响效应是提高产学研合作绩效的关键一环。嵇留洋（2020）指出，如果加大高校信息披露的力度，就可以通过中介效应有效地提高公共地悲剧的治理效率。另外，刘和东，刘权（2020）则指出，信誉治理中的合作双方的信誉度，契约治理中的收益分配系数、违约赔偿系数，政府治理中的合作奖励金、违约惩罚力度都与产学研合作行为呈正相关；契约治理中的合作投入成本与产学研合作行为呈负相关；因此加强信誉治理、完善契约治理以及健全政府治理都能增加产学研合作的意愿，有利于产学研合作的顺利进行。马永红、刘海礁，柳清（2019）认为研发投入补贴作为一种激励策略，可促进研究机构研发努力程度，研究机构与企业各自研发收益以及双方研发总收益的提升；协同合作博弈情形下研究机构与企业各自研发努力程度、各自研发收益和双方研发总收益均优于非合作情形；通过讨论收益分配系数的取值范围可以构建产学研协同研发的收益协调机制。

1.8 现有研究存在的不足与未来研究趋势

通过对相关文献的梳理和总结，可以看出关于产学研合作方面的研究成果日益丰硕，涉及产学研合作的方方面面，但是其核心仍然是围绕着如何提升产学研合作创新的绩效。更进一步，从系统观和社会网络视角来看，产学研各主体之间的合作天然就形成一种网络关系，各种组织特征、信任、组织文化、环境因素等也必须放在这样的一种网络化背景下去重新认识，因此未来的研究从网络视角来看待产学研是一种必然趋势。正如张艺，龙明莲，朱桂龙（2018）所指出的，尽管产学研合作相关研究成果日益丰硕，但是国内外学者仍然较为缺乏从社会网络分析视角来考究学术研究机构与产业界的互动与合作，所采用的研究方法仍然以传统的逻辑推理和计量分析为主，导致对我国的产学研合作网络仍然缺乏足够的理论认识。因此，本书认为关于产学研合作网络与其科技创新绩效关系之间还存在着以下几个重要的问题亟待解决。

1.8.1 研究的视角要转变

网络最优结构之争持续不断（以社会资本理论和结构洞理论为代表的疏密之争，以路径长和集聚度为特征的小世界网络、规则网络、随机网络之争），尽管有学者提出其原因在于分析的视角和选择的因素不同，但是目前还没有深入的分析这些研究冲突的真正根源在哪里，如何解决这种争论。本书认为既往研究是基于外生性视角和静态视角，单纯从网络的结构特征、社会资本等外部因素来分析其对协同创新的优缺点，而没有关注到产学研协同创新联盟网络结构形成的内驱力以及协同创新整个生命周期发展阶段的动态性。因此未来研究必须转移到内生性视角和动态视角，才有可能发现和解决为什么不同形态的网络结构都可能是最优的（比如创新网络不同发展阶段的特性导致匹配的最优网络结构是不同的），从而弥合上述争论。

1.8.2 研究的着力点要转变

在外生观的方法论下，大部分研究是围绕着如何利用各种理论来解释网络结构不同特征的优劣点，例如，基于社会资本理论解释了密集网络的优点，而基于结构洞理论解释了稀疏网络的好处；基于平均路径长和集聚系数来比较了小世界网络、规则网络、随机网络等优缺点。然而理论上的最优结构可能很难在实践中运用，例如，判定网络最优的随机度 p 值无法与现实中的条件相匹配，或者说密集网络有多密、稀疏网络有多疏无法判别。而在转移到内生视角后，则更多关注影响创新网络结构形成的因素上。且从图论来看，网络形成就是确定点和边的问题，因此产学研联盟内的各个参与主体如果能够根据一定规则挑选出最合适的盟员，那么从实践上来说，最优合作创新网络已经形成。换句话说，研究的着力点转移到产学研合作创新最优盟员的动态选择上来，而这正是最优网络结构形成及演化的本质。

1.8.3 研究的方法要转变

总体而言，目前学者们多采用结构方程等统计分析方法来测度网络结构特征对产学研合作创新绩效的影响，但是此类研究存在明显的缺陷：一是由于样本选择大小和质量，导致研究结论缺乏可拓展性，甚至不同学者的结论存在相互冲突的情况；二是尽管可以验证变量之间的因果关系，甚至是变量之间的结构性关系，但是对于产学研协同创新网络的复杂运行机理、知识在不同参与主体之间的网络流动过程难于描述和分析。相反，计算机仿真方法能够利用程序语言实现产学研合作创新网络的复杂运行“规则”，通过控制变量参数的选择，模拟不同情形下的网络结构，弥补了统计抽样方法样本大小不足的困境，同时通过反复的实验，能有效揭示产学研合作创新网络运作机理的“黑箱”，从而为最优结构的构建提供了可操作途径。因此，本书主要采用基于商业数学（Matlab）软件平台的计算机仿真方法对网络结构形成和演化过程进行理论探究为主，同时基于Ucinet软件的社会网络分析以及统计分析方法进行实证验证为辅的组合模式。

1.9 本章小结

本章主要通过对产学研合作研究相关的国内外文献进行梳理，围绕着如何提升产学研合作创新绩效这个核心点，从产学研合作的必要性、产学研合作创新绩效的影响因素、产学研合作模式与路径、产学研合作网络及其对科技创新绩效影响、产学研合作对科技创新绩效影响的传导过程、产学研合作存在的障碍及其对策等六个方面进行了系统论述。

第一，本书明晰了产学研合作的必要性在于实现创新资源的整合与互补，这是提升产学研合作创新绩效的前提。简单来说，科技创新活动本身的特点（复杂性、风险性、系统性）等导致其需要多主体参与，而恰恰科技创新所需要的知识资源掌握在不同主体手上，这就迫切需要产、学、研不同主体之间的联合，这是实现创新驱动发展的必由之路。

第二，本书从产学研合作主体特征、合作对象选择、合作内容（知识管理）、合作资源（R&D 投入）、合作环境（外部环境）等方面对产学研合作创新绩效的影响因素进行了全面梳理，并指出合作主体具有典型的异质性特征，包括组织性质、组织规模、组织文化、组织资源、组织地理环境等，因此选择合作对象应因人而异、因时而异、因地而异，而且产学研合作的内容聚焦于知识管理，因为产学研合作的本质就是知识资源在不同合作主体之间的转移与共享。

第三，如何实现知识资源在不同主体之间的有效转移和共享，就需要建立恰当的产学研合作模式，因此本书又梳理了国内外产学研合作中常见的模式，包括产学研各主体联合建立研究开发中心等实体，或以科技园和专业孵化器为载体推进产学研合作，或是企业、科研机构和高等院校合资建立企业等。

第四，产学研合作主体之间的联系天然地形成了一张社会关系网络，知识资源在这张网络中的流动顺畅与否必然受到网络特征，尤其是网络结构特征的影响。因此，本书梳理了相关研究成果，并指出社会网络的形成有利于知识资源的互补与交换，因为通过社会网络不仅可以更容易发现所需的互补性知识，而且社会网络易促使信任氛围的形成，减少交易成本，促成知识交换达成。另外，与不同的合作对象建立关系，意味着社会网络形成不同的结构，而密集网络和稀疏网络各有其优缺点，或者说网络结构本身也是一把“双刃剑”，因此有效的管理和配置合作网络关系及其结构是关键。

第五，产学研合作创新绩效的影响因素是如何产生作用的，其内在机理如何，这涉及产学研合作对科技创新绩效影响的传导过程。因此，本书根据现有研究梳理了产学研合作/关系特征，产学研合作主体特征/目标差异，网络惯例等几个要素影响产学研合作绩效的传导过程。这有利于本书进一步认清影响因素的具体作用路径、作用效应等，也为未来的政策干预提供了切入点。

第六，产学研理论研究和实践运行都经历了较长的时间，然后当前的产学研合作绩效仍不尽如人意，其存在的障碍究竟是什么，如何破解这样的难题。针对这一问题，本书通过对现有文献的梳理，指出其根源在于没有充分认识到产、学、研不同主体的组织目标异质性，进而导致合作创新模式和激励机制都不灵。因此，要在适当的市场条件下，构建基于互惠性偏好的合作模式，实现对传统合作模式的超越，进而克服合作瓶颈，完成真正的协同合作，推进产学研合作创新迈上新的高度。

最后，根据上述论点，本书梳理了现有研究的不足之处，并提出未来研究应该在研究视角、研究着力点、研究方法上进行转变，即对于产学研合作方面的研究应该聚焦于产学研合作网络对创新绩效的影响上来，这是因为产学研合作的本质是知识资源在产学研合作主体之间的转移与共享，合作主体之间不是孤立的，而是相互紧密联系的，因此任何影响因素的分析不能孤立地进行，而应该置于产学研合作主体形成的网络中去，尤其是知识资源的特性在社会网络这一背景下会表现出不一样的传播规律。特别的，本书着力要解决的是产学研合作网络结构究竟会对创新绩效产生怎样的影响，尤其是在什么条件下，不同的合作网络结构会产生最佳的创新绩效，基于什么样的研究方法可以实现这些探究。这些问题的思考正是本书选择该主题的根本原因所在，也是本书研究的意义所在。

第2章

基于可视化方法的产学研合作研究动态与热点分析

2.1 引言

1992年8月，我国首次建立了“产学研联合开发工程”，旨在进一步密切科研院所、高校与企业之间的关系，调动三者的积极性，发挥各自的优势，加快我国高新技术成果的产业化，形成一批产学研利益共同体，最终形成产学研协调发展的新的运行机制（华宏鸣，1992）。2006年，国务院发布了《国家中长期科学和技术发展规划纲要（2006～2020年）》，指出未来15年的科技工作指导方针就是“自主创新、重点跨越、支撑发展、引领未来”，且把“产学研结合”作为“建设中国特色国家创新体系”的突破口，明确了产学研结合的战略地位。进一步，2012年底召开的党的十八大明确提出，“科技创新是提高社会生产力和综合国力的战略支撑，必须摆在国家发展全局的核心位置”。[①] 强调要坚持走中国特色自主创新道路、实施创新驱动发展战略。而2017年党的十九大则进一步提出了“要建立一个以企业为主体、市场为导向、产学研深度融合的技术创新体系”，即产学研协同创新体系。由此可见，创新驱动发展、增强自主创新能力已成为国家重要战略，而产学研协同创新则成为落实创新驱动发展战略的重要实现途径。

毫无疑问，随着政府政策对产学研合作问题的持续关注，产学研合作问

---

① 新华网—高层—正文—科技创新是提高社会生产力和综合国力的战略支撑。http：//www.xinhuanet.com/politics/2016－02/27/c_128754760.htm.

题作为新时期党和国家科技创新工作中的重点和抓手，必然引起越来越多的理论学者和实践管理者的重视，关于产学研合作领域方面的研究主题也成为热点，逐步广化和深化。例如，根据第 1 章的理论研究综述，本书就发现了有关于产学研合作的重要性和必要性、关于产学研合作模式、关于产学研合作绩效影响因素的、关于产学研合作网络等各方面研究内容。

为了能够更好地分析产学研合作研究方面不同阶段的研究热点、未来发展趋势的总体情况，本书利用聚类分析（CiteSpace）可视化分析软件对 1993 ~ 2019 年中国产学研合作领域相关研究热点进行分析归纳和总结。基于论文发表分布情况、关键词和作者共现网络、关键词时区/时线图谱等可视化技术展现了最近二三十年来我国产学研领域研究的现状和发展动态，既是为本书研究的切入点和方法提供支撑，也是为未来产学研合作领域的理论研究发展提供参考，为当前产学研合作的实践领域提供管理帮助。

2.2 数据来源与预处理

首先，在目前国内的几大数据库中，中国知网（CNKI）相对具有较高的权威性、广泛性、认可度以及规范性，特别是与聚类分析软件兼容便于数据处理，因此以中国知网为数据源。其次，尽管产学研合作与产学研协同有着不同的内涵和层次，但考虑到在很多情形下“产学研合作”和“产学研协同”的互用，以及为了使搜集的文献是紧扣产学研这个主题，避免关键词偏差（例如，关键词里含有产学研的未必是写产学研问题的，但篇名有产学研合作则内容基本上是围绕这一块的），因此本书将产学研合作和产学研协同等同对待。再次，考虑到各类期刊的学术公信力以及数据格式问题，因此选择核心期刊作为研究对象，剔除一般性期刊和报纸、学位论文。最后，基于高级检索法，设置检索条件分别为：文献来源：期刊；检索条件：篇名为“产学研合作”或含“产学研协同”；发表时间：截至 2019 年；来源类别：核心期刊。

据此，共检索到 1534 篇文献，在剔除了无作者、广告、评论、征文启事等非正式文本，最终得到产学研合作研究领域的 1410 篇文献作为分析样本，样本论文最早刊发时间为 1993 年。

2.3 产学研合作研究的整体状况

2.3.1 文献的年度分布

从图2-1可知，1993~2019年以来，产学研合作/协同研究领域期刊载文量整体上呈现先增长后下降的趋势。

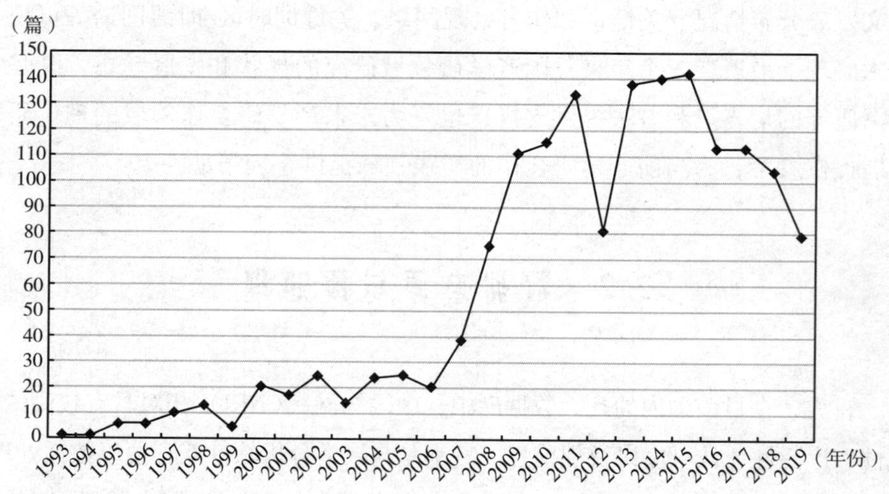

图2-1　1993~2019年产学研合作领域文献分布情况

从图2-1可以发现，最早1993年在核心期刊上出现产学研合作的论文与1992年国家启动"产学研联合开发工程"这一时间点是吻合的，实践需求推动了理论研究发展。从2007年开始，产学研合作研究出现了明显的爆发期，而这与2006年国家中长期科学规划把产学研在推动科技创新中的战略地位予以明确的时间点吻合，因此政策效应进一步推升了理论研究的热度。排除2012年的特殊点，2011~2015年处于一个平稳阶段。而从2016年开始又呈明显下降趋势，通过进一步的数据整理发现，这一阶段产学研研究的热度并没有消退，而是大量研究开始转移到"政产学研"或者"政产学研用"或者"产学研联盟"等主题。

据此，本书将1993~2006年作为产学研合作研究领域的起步与发展阶段，将2007~2010年作为爆发期，将2011~2015年作为成熟期，将2016~2019年作为转型深化期。

2.3.2　文献研究的作者分布

为了识别出产学研合作研究领域的核心作者，以及作者之间的合作强度，本章对发文作者进行了共现分析。首先利用聚类分析（CiteSpace 5.6.R2）软件处理初始数据，得到发文量较多的作者排序，并基于原始数据通过人工比对进行数据修正，获得最终的高频作者分布（见图2-2），然后对样本数据进行了合作网络分析，生成了作者网络共现图谱（见图2-3），为了凸显核心作者及其网络合作关系，对作者网络共现图谱中的关键节点进行了局部放大，得到图2-4、图2-5和图2-6。

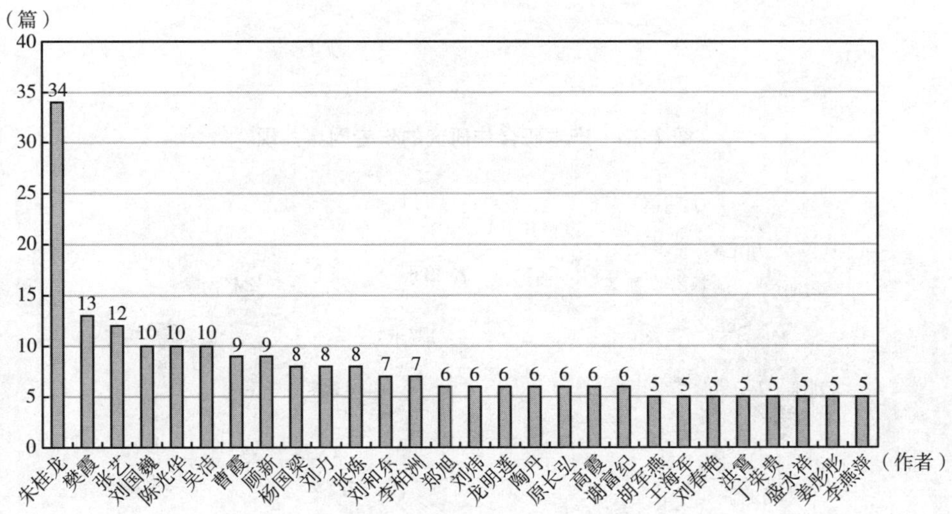

图2-2　产学研合作研究文献的高频作者分布

图2-2显示，朱桂龙以34篇的发文量遥居首位，樊霞以13篇位居第二，张艺以12篇位居第三，其余作者发文量在10篇及以下，但都比较接近。而由图2-3可知，我国在产学研合作研究领域的学者总体上比较分散，相互之间的合作关系较为稀疏。基于软件统计的数据也支持这一结论，在总共661个节点（作者）中，只有358条连接（合作关系），平均密度为0.0016。当然，在总体松散的形态下，也形成了几个非常紧密的研究团队，尤其是以

学者朱桂龙为核心节点，樊霞、张艺为关键节点的大团队（见图 2－4），以及以盛永祥、陈光华为核心节点的小团队。

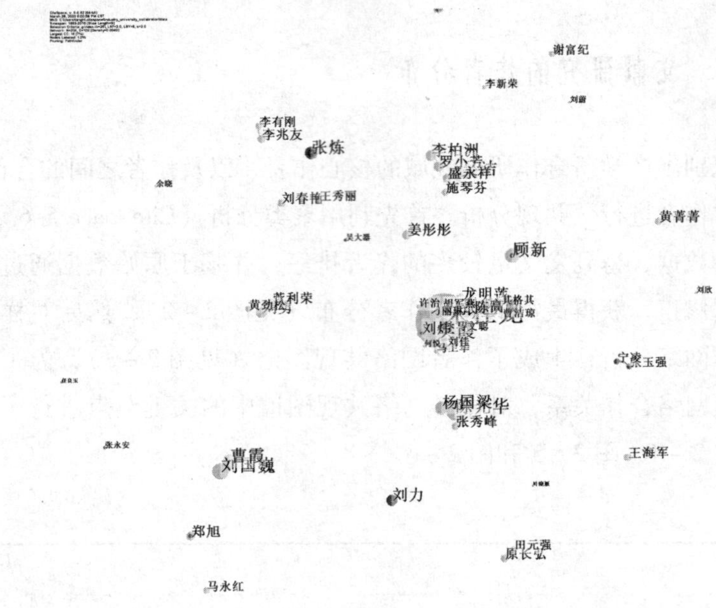

图 2－3　产学研合作研究的作者网络共现

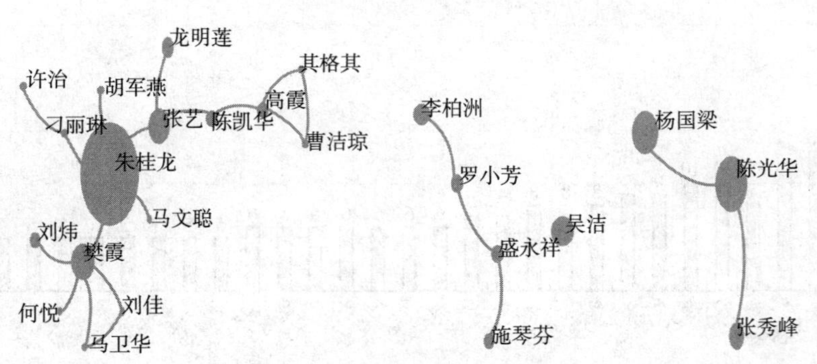

图 2－4　作者共现图之核心作者

2.3.3　文献研究的期刊来源分布

由于中国知网自带的文献可视化分析无法删除非有效数据条目，且由于少数期刊存在更名的情况，导致聚类分析软件统计数据可能不准确，因此本章基于样本数据源，利用中国知网的高级检索功能，按照软件统计的初步期刊排名数据进行二次整理，获得了产学研合作研究相关文献的期刊来源分布情况（发文量在 10 篇及以上的期刊），如图 2－5 所示。

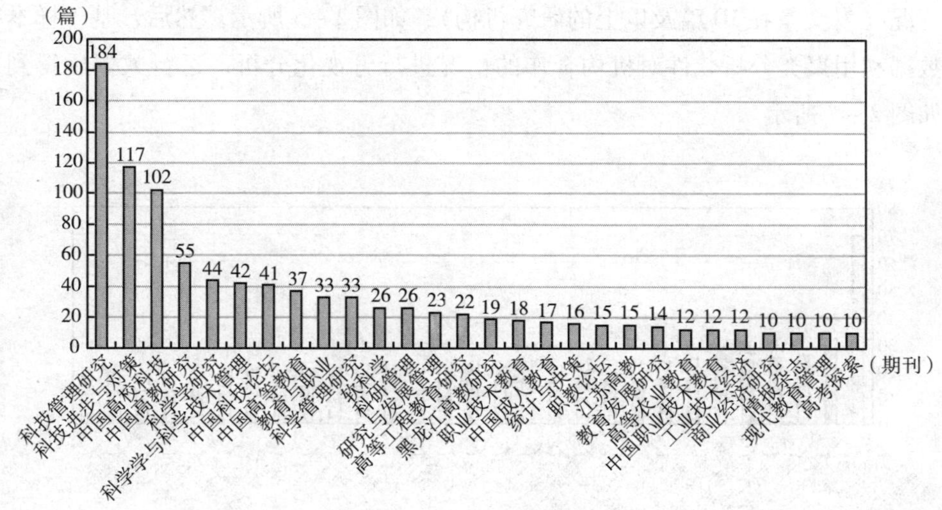

图 2－5　产学研合作研究的期刊来源分布

从图 2－5 可以发现，产学研合作领域的研究主要集中在两类期刊上，一是偏重于科技管理的期刊，如《科技管理研究》《科技进步与对策》《科学学研究》《科学学与科学技术管理》《中国科技论坛》等，表明国家十分重视产学研合作对创新发展的作用，因此关于产学研合作的模式、实现路径、影响因素、对策措施等方面的主题特别受这些期刊的青睐；二是偏重于教育类的期刊，如《中国高校科技》《中国高教研究》《中国高等教育》《教育与职业》等，这也表明国家十分重视产学研对高校发展和人才培养方面的促进作用，因此关于产学研背景下高校课程设置、培养方案、实习实践以及高校在融入产学研合作中所面临的困境与对策分析就特别受到这些期刊的重点关注。

2.3.4　文献研究的机构分布

同样由于中国知网自带的可视化分析无法删除无效数据集等，会导致机构发文量偏高；另外，聚类分析软件按照文献实际标注来源机构进行分析，导致将某个高校在产学研合作领域方面的研究分散化而低估了该单位的总体研究实力。因此，为了消除两种方法的缺陷，基于样本数据源，利用中国知网的高级检索功能添加查询条件“作者单位”，按照中国知网给出的初步期刊排名数据进行二次整理，获得了产学研合作研究相关文献的机构来源分布情况（发文量在10篇及以上的研究机构），如图2－6所示。然后，基于样本数据利用聚类分析软件对机构合作的情况进行可视化分析，运行数据后得到如图2－7所示。

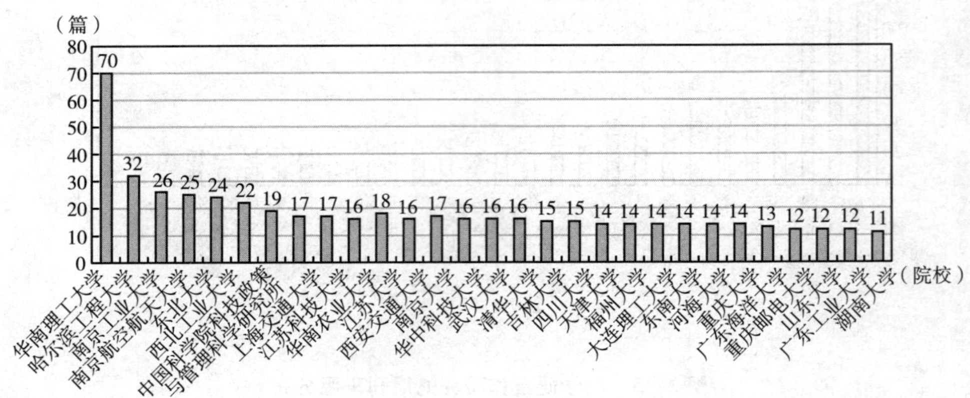

图2－6　产学研合作研究的结构来源分布

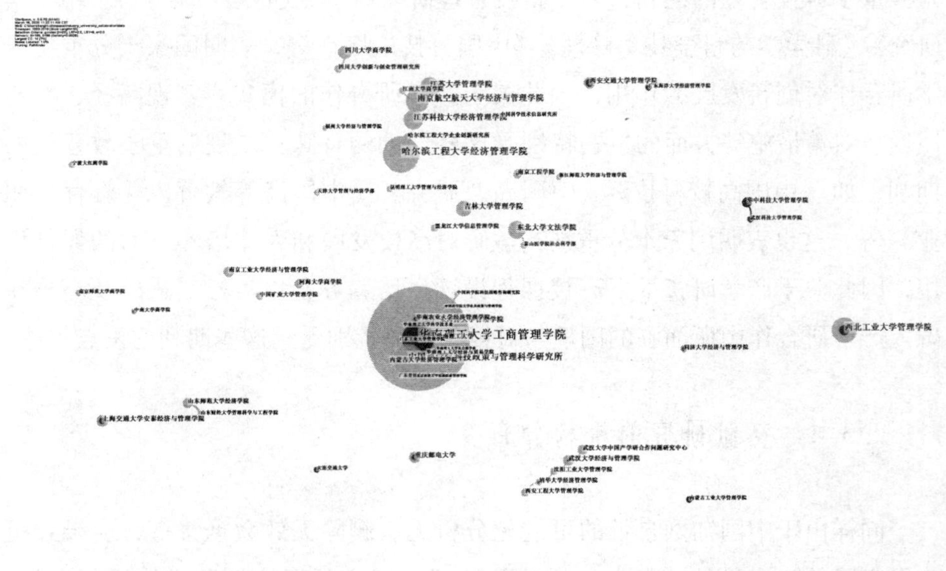

图2－7　产学研合作研究的机构合作共现网络

在样本数据中，粗略统计有310家不同的研究机构，而由图2-6可知发文超过10篇的有29家，占比接近10%，而其发文量占比达到了38.4%，可见研究集中度相当高。29家单位除了专业性较强的中国科学院科技政策与管理科学研究所，其余均是大学，可见产学研合作领域研究的主体仍然是高校。特别是华南理工大学的发文数量远超其他机构，论文质量较高（以科研管理、科学学研究、科学学与科学技术管理等主流期刊为代表），而且从2003年发表第一篇论文开始，持续17年不间断，紧跟国内外研究方向，属于国内研究机构中的前沿阵地。

从合作紧密程度来看，产学研合作领域的研究呈现两大群体（见图2-8）。一是以华南理工大学工商管理学院和中国科学院科技政策与管理科学研究所为绝对核心的研究群体；二是以哈尔滨工程大学经济管理学院、江苏科技大学经济管理学院以及南京航空航天大学为核心的研究群体。

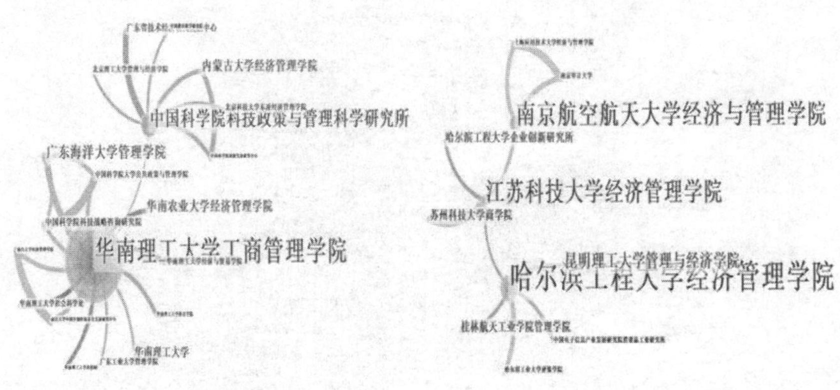

图2-8　机构合作共现图之核心机构

2.4　产学研合作研究热点领域分析

关键词作为论文主题概念的词或词组，一般涵盖了文献的题目、摘要、主要内容和研究方法等，是学术论文研究领域主题的精练表达。对某一学科领域研究文献进行分析，出现频次高的关键词一般被认为是学科领域的热点，关键词之间的关联性则在一定程度上反映学科领域中知识的内在联系（刘则渊，2008；熊春林，李卉，尹慧慧，2019）。因此，通过对样本文献的关键词进行梳理和分析，可以发现其共性特征，即研究重点和热点。

为了实现这一目的，利用聚类分析软件的关键词共现和聚类分析功能，得到1993～2019年我国产学研合作领域研究的关键词共现图谱（见图2－9）和关键词聚类图谱（见图2－10），其中每个圆形的节点代表一个关键词，节点的大小表示该关键词出现的频次高低，不同颜色深度表示关键词在不同年份的分布，连线的多少表示关键词共现的次数，被连线越多表示某一关键词与其他关键词联系越密切，连线越粗表示关键词之间关联强度越大。显然，节点越大、颜色深度越丰富、被连接线越多，则表明该节点越有可能成为产学研合作研究的重点主题和热点领域。同时为了避免图形节点多而存在重叠不清晰的缺点，本书将关键词按照出现的频率进行排序，得到排名前十的关键词，见表2－1。

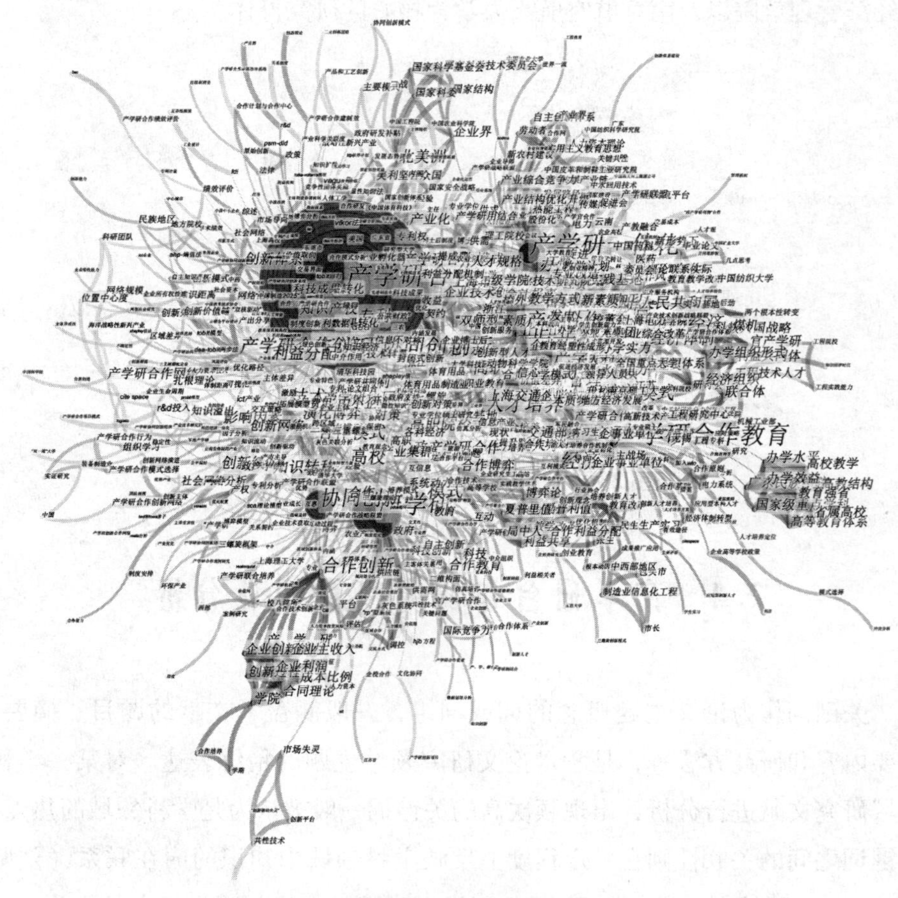

图2－9　产学研合作研究的关键词共现网络

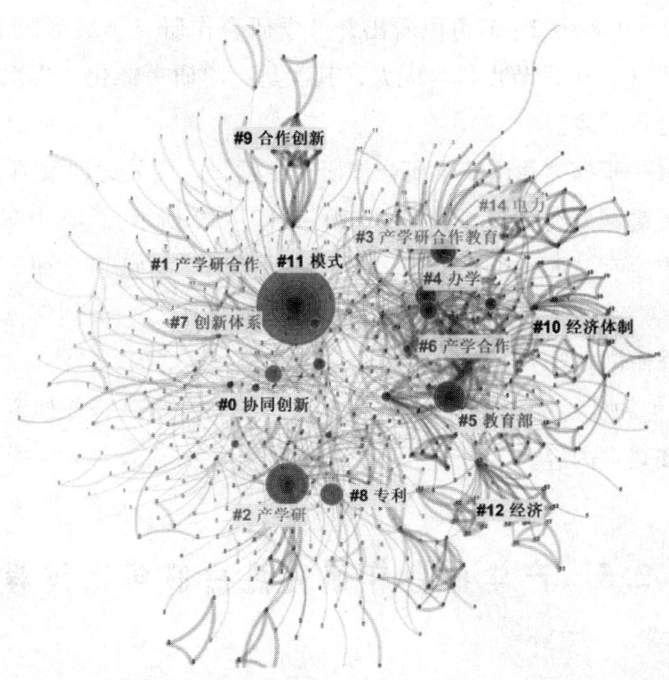

图2－10 产学研合作研究的关键词聚类图谱

表2－1 关键词出现频率 单位：次

排序	关键词	频率
1	产学研合作	705
2	产学研	237
3	产学研一体化	141
4	协同创新	127
5	产学研合作教育	105
6	企业	86
7	产学研协同创新	80
8	企业管理	70
9	创新	55
10	学校	50

从图 2 – 9 和表 2 – 1 可以看出，产学研合作研究领域形成了五大节点，其中产学研（合作）节点最为庞大，其次是产学研一体化，再次是协同创新和产学研合作教育。

为了进一步探究我国产学研合作研究主题，采用关键词聚类分析的手段，得到文献关键词聚类图谱（如图 2 – 10 ~ 图 2 – 12 所示），其中图谱形成和呈现的聚类主要有“#0 协同创新”“#1 产学研合作”“#2 产学研”“#3 产学研合作教育”“#4 办学”“#5 教育部”“#6 产学合作”“#7 创新体系”“#8 专利”“#9 合作创新”“#10 经济体制”“#11 模式”“#12 经济”“#14 电力”。这 14 个聚类和关键词代表了 1993 ~ 2019 年我国产学研合作研究文献的主要研究领域和热点内容。

2.5 产学研合作研究热点的演化过程

聚类分析软件提供的关键词时区图（timeline），如图 2 – 11、图 2 – 12 所示；时线图（timezone），如图 2 – 13 所示；时区图中的连接漫游（link walk-through），如图 2 – 14 所示等功能可以直观地展现不同时间段的研究热点，从而帮助本书分析研究主题和热点的变化。

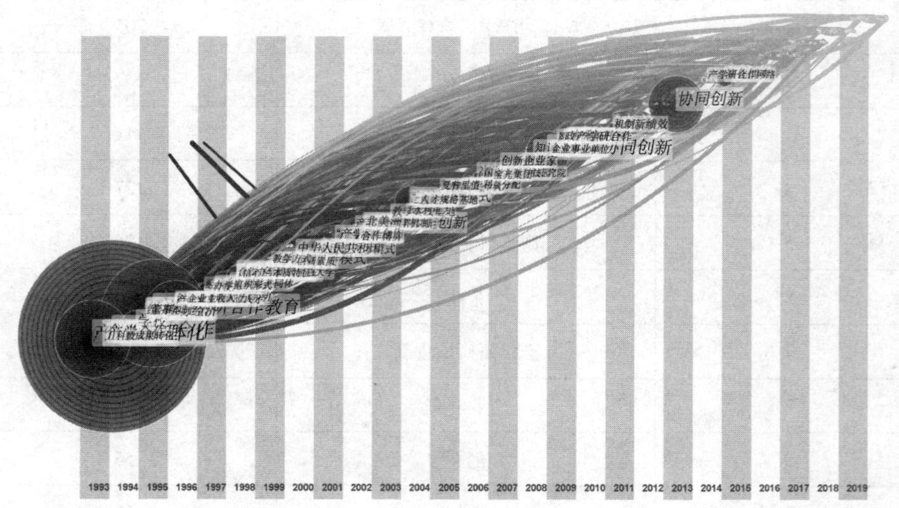

图 2 – 11　产学研合作研究关键词时区（一）

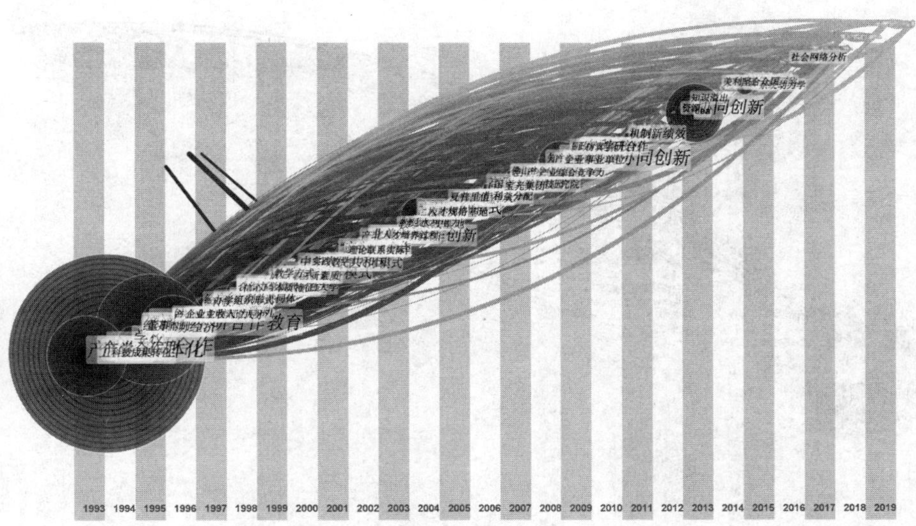

图 2－12　产学研合作研究关键词时区（二）

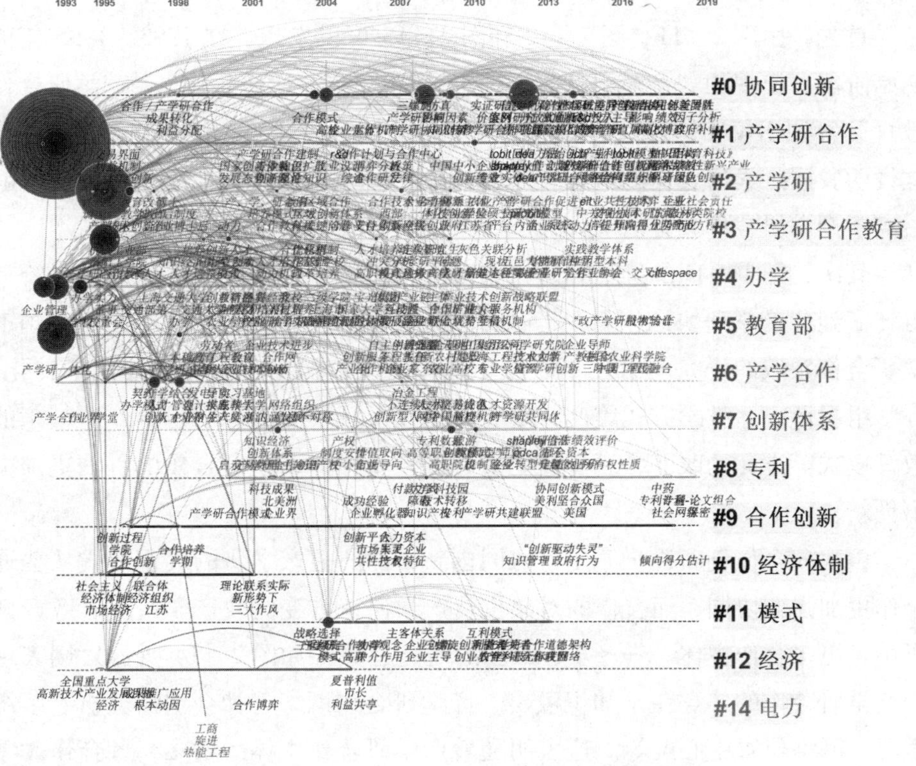

图 2－13　产学研合作研究关键词时线

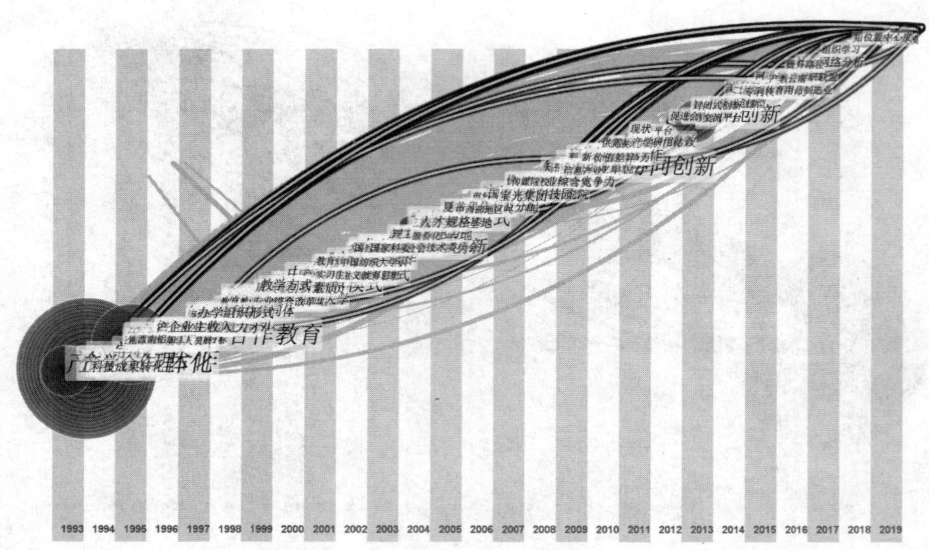

图 2－14　产学研合作研究关键词时区演化的连接漫游（2019 年）

首先，由图 2－11、图 2－12 和图 2－13 可以发现，在 1993～1995 年的初始阶段，出现的“产学研”“产学研一体化”“产学研合作”“产学研合作教育”等词不仅字体较大（即出现频率高），而且与后续出现词汇关联密切，这说明我国产学研合作的研究一开始就着眼于产学研一体化，并契合其内涵，落实于产学研合作教育。

其次，随着时间的推移和研究深入，出现了“合作模式”“合作创新”，再转变到“产学研协同创新”“协同创新”等高频关键词，这些说明我国产学研合作领域的研究前沿在不断发生变化，从最初重点关注科技成果转化、办学组织形式、教学方式等产学研一体化以及高校应对产学研合作所带来的教育模式等方面的改变，逐步演变为合作创新，即产学研合作的目的更加突出创新。

再次，合作创新逐步演变为协同创新，即凸显产学研的表现形式从普通合作更加强调协同，而合作的对象也从产学研三方变为政产学研或者政产学研用等更多合作主体。进一步，最新的研究趋势（如图 2－14 所示）则表现为产学研合作的热点在于知识溢出、产学研合作网络、社会网络分析、组织学习、网络位置中心度等。这表明随着产学研合作主体的增多，各合作对象之间形成的是一种相互交织影响的社会网络而不是相互独立的个体，特别是产学研的合作本质上是一种知识在合作主体之间的转移、溢出与共享，因此新的理论基础和视角便应运而生，而且也将是未来一段时间的热点。

总体而言，学者们的研究更关注国家“创新驱动发展”政策走向，致力于解决产学研合作研究中的现实突出问题。

2.6　本章小结

本章借助聚类分析软件科学知识图谱工具对中国知网收录的 1993 ~ 2019 年我国产学研合作领域的研究文献进行了可视化分析，分别绘制了文献发表年度趋势图，作者合作共现网络图，研究结构合作共现网络图，来源期刊分布图，关键词共现网络和关键词共现网络的时区、时线图等，主要得出以下结论：（1）我国产学研合作领域的研究呈现典型的起步发展、爆发、平稳和转型深化四个阶段，且与政府政策发展导向高度契合。（2）学者和研究机构来源多样化的同时又趋于集中化，合作网络核心节点作用明显。（3）研究对象从“产学研”转向“政产学研用”，研究焦点从“合作一体化”到“协同创新”再到“产学研协同创新网络”。

在未来的研究中，理论层面上还是应着眼于解决由于参与主体更加多元化、网络化所带来的协同创新困境，比如如何选择合适的协同创新联盟成员、如何进行成员间的有效利益分配，这些问题是导致产学研合作创新无法持久的最根本原因。另外，实践层面要解决好产学研合作创新的具体实现模式和路径问题，避免盲目模仿国际经验，而应基于中国现实背景，分别从产、学、研、政、用各利益相关者视角出发，提出具有针对性和可操作性的对策与建议。

第 3 章

产学研合作网络对科技创新绩效的影响因素分析

3.1 引言

从微观理论背景来看，经济增长和繁荣是与创新过程紧密相关的，而创新过程则是由参与者在获取、应用、重组和产生新知识等方面具有的能力所驱动的，因此如何实现和提升参与者的这种知识获取、应用和创造能力就显得极其重要，这直接关系到科技创新的产出绩效。

从基于知识观的视角来看，在知识经济时代，知识将超越传统的劳动力、土地和资本等生产要素，成为经济螺旋式上升发展的内在动力。按照经济合作与发展组织的定义，知识经济正是“直接基于知识的生产、分布和使用”（OECD，1996）。进一步，随着市场快速变化以及竞争的加剧，只有那些能不断创造、传播和吸收新知识并推出新产品的企业才能更易获得成功，然而面临现代化大生产带来的挑战，仅依靠企业自身的能力是远远不够的，企业需要通过与其他企业或组织的合作来一起分担成本和风险，通过共享来扩展本身有限的知识资源（Nonaka & Takeuchi，1995）。因此，随着知识经济的深入发展，知识已成为关键资源，使得企业能够不断创新并保持和超过国际国内竞争者，这一点已经逐渐得到广泛认可，并且这一认知也导致学术界与实践管理者、相关的政府科技发展部门对知识生产和扩散产生越来越多的兴趣（Mueller et al.，2017）。产学研合作网络则正是企业、科研院所和高等学校之间的合作，发挥各自的组织优势，形成强大的研究、开发、生产一体化的先进系统并在运行过程中体现出综合优势，其实质是促进技术创新所需各种生产要素的有效组合和共享。

进一步，知识是产学研合作创新的重要因素（陈劲，阳银娟，2012），知识在参与创新活动不同主体间的扩散和转移，使得创新各主体的知识资源形成互补，最终促进了合作创新的实现（顾新，2008），同时产学研之间的知识转移促进了技术知识的商业化，是创新和经济增长的重要驱动器和有效手段（Esther et. al.，2018；Johnston & Huggins，2018）。因此，可以认为产学研合作创新的本质是知识的跨组织、跨场域流动和学习管理的过程，通过知识的转移、共享、吸收、消化、整合再创新，实现知识增值（罗琳，顾新，2017）。那么从知识流动视角看，知识共享是产学研协同创新过程中知识共享、知识创造和知识优势形成这三个递进演化阶段的第一位（涂振洲，顾新，2013），而有效的知识共享则是实现产学研协同创新预期目标的关键（赵琴琴，2017）。

基于此，本书认为产学研合作主体之间通过知识共享而累积和创造的新知识量可以间接衡量其科技创新绩效的程度，即知识累积量越大，潜在的科技创新绩效越高（如新产品越多、专利越多等），两者之间存在正相关关系。

另外，尽管技术交易市场规模不断扩大，为企业获取必要的新知识提供了较好的途径，但是一些突破性的成果由于其投入巨大、收益不确定性，使得单个组织很难承受，它们需要分散风险。而且，在现实世界中，大量关键技术被掌握在少数组织手中，因此其他组织只能获得授权，这必然产生严重的技术依赖性，致使组织的发展存在潜在风险。正如一些学者强调的，通过市场交易获取知识和竞争力的困难导致了伙伴关系的形成，而从伙伴中获得的知识是共享的（Baum，Cowan & Jonard，2010）。因此，组织需要经常地参与到双边或者多边合作来交换知识，彼此学习和创新，进而促使组织间合作创新成为一种广泛的知识交互与扩散形式，这也是组织突破其自身边界局限而在整个技术空间中获取知识的一种有效方式（Grant & Baden-Fuller，2004）。

再者，组织行为活动具有社会嵌入性，每一个组织都活动于一个特定的社会网络中，产学研参与主体对新知识的获取不能独立于网络之外，而组织对知识的获取是确定组织外部环境中的知识并将其转化到组织内部，并使之成为能够为组织创新所用的一个过程。它使组织与外部知识环境形成动态沟通，是组织知识管理活动的基础和前提。显然，这种组织间的合作关系构成了一种特定的知识扩散社会网络，它对于知识在企业间的有效转移和共享起到重要作用。由此可见，合作网络就变成了行为主体进行知识搜寻的路径与平台。那么，创新过程被视为一个交互的、网络化的系统，它拓展组织边界获取外部性知识、经验和技能，这进一步导致创新和知识流转的核心依赖于动态的、基于竞争能力的商业网络（Gubbins & Dooley，2014）。这也暗示产学研合作主体之间形成的社会网络在组织间的知识创造和共享中将发挥重要作用。

这种作用又是如何体现的呢？如前面章节所述，科技创新绩效的重要表现就是异质性知识和新知识在产学研合作主体之间的有效转移。然而，克服知识转移障碍的解决方法就是利用社会网络，因为知识共享参与者的合作行为并不是由参与者个体特性所引致的，而是由参与者之间的二元关系所产生（Kang & Kim，2017）。进一步来说，对于产学研合作的各主体而言，社会网络不仅仅是一种简单的关系网络，还是组织获取资源的重要途径（宋丽丽，冯勇，王嵘冰，2018），尤其是社会网络为市场提供了信息与知识流动的管道和路径（Ahuja，2000；Gomes-Casseres，Hagedoorn & Jaffe，2006；Owen-Smith & Powell，2004）。特别的，社会经济现象往往表现出一些固有的网络特征，因此对其研究就不能仅仅考虑孤立的个体，而必须关注社会网络结构在其中所扮演的角色（唐厚兴，2017）。例如，社会网络结构在决定参与者行为上具有重要作用，诸如同群效应、意见形成以及信息扩散等方面（Iijima & Kamada，2017）。

进一步，社会网络对知识共享的影响作用主要表现在网络关系、网络结构和社会资本三个方面。一些学者将视角集中在社会网络的结构上，他们认为相比于社会网络联系，社会网络的结构更能解释社会网络对知识共享的作用。如有学者认为，社会网络结构指标中的社会内聚力和网络规模等因素比联系强度等更能对知识共享产生影响（Reagans & McEvily，2003）。本书认为网络关系中的强弱联系会影响网络结构的形成；反过来，不同的网络结构特征也反映了结点间的网络关系强度。另外，社会资本也可以看作是社会网络结构的外在效应，所以社会网络结构在知识共享的社会网络研究中应具有核心地位。这进一步解释了为什么本书重点从产学研的网络结构来探究其对科技创新绩效的影响。

综上所述，本书给出产学研合作网络与科技创新绩效关系的逻辑框架，即将研究产学研合作网络对科技创新绩效的直接影响转成研究对参与合作主体间知识共享的间接影响，如图3-1所示。据此，本章首先从产学研合作网络的结构特征、结构形态来总结和分析其对科技创新绩效（知识共享）的影响；其次，基于定性化方法，从社会资本理论、结构洞理论、强弱连接理论来阐释网络结构疏密之争，解释不同网络结构对科技创新绩效的影响；最后，基于定量化方法，从最优节点度视角出发，构建模型并进行仿真分析，破解网络结构疏密之争。从而有助于发现适宜产学研合作的最优网络结构，进而找到政策干预的切入点，有助于进一步提升科技创新绩效。

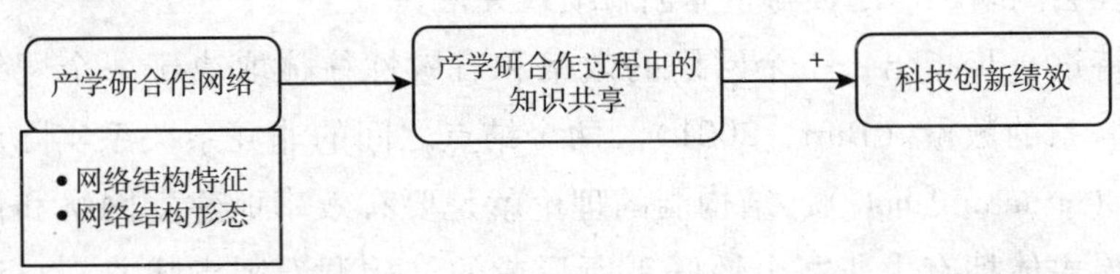

图3-1 产学研合作网络与科技创新绩效之间的传导关系

3.2 产学研合作网络的结构特征对科技创新绩效的影响

不同社会网络的结构特征存在很大差异，体现社会网络结构特征的指标一般包括规模、密度、中心度、位置等，不同结构特征对网络中的知识转移与共享有着不同的影响。强调网络密度的理论认为，群体的网络密度能够促进群体的一致性，推动交流和集体行为的相互信任水平，使群体成员相互认同、协调，有利于个体或组织间的知识转移和共享。很多学者都强调密集网络不仅有助于形成信任的社会环境，而且也有利于形成成员间共同的语言，而这些对于帮助个体理解和吸收新知识是不可或缺的（Collins & Smith，2006；Mcfadyen & Cannella，2004）。因为这种密集网络能建立群体身份和共有的理解力，从而有助于转移隐性资源和隐性知识（Moran，2005）。而且单个组织的知识累积速度严重依赖于与其他组织形成的网络联系密度（Henning

& Saggau，2013）。

然而，如果过分强调网络的密度而不考虑连接分散性的话，可能会高估网络的作用。因为更密集的连接限制了新的和不同思想的流动，可能导致信息的惰性，从而妨碍了创新和更新能力（Kianto & Waajakoski，2010）。也可以说在密集网络中，成员间的冗余连接妨碍了对独特信息的获取（Molina & Martinez，2010）。罗斯特也相信，在创新和连接强度之间呈现倒 U 形关系，这暗示着结点间的连接不应太强（Rost，2011）。同样，吴俊杰，王节祥，耿新（2015）的实证研究表明，企业家社会网络的广泛性、关系强度与创新绩效之间确实具有倒 U 形关系，而组织冗余则在两者的关系中发挥调节效应，即组织冗余正向调节企业家社会网络关系强度对企业创新绩效影响，负向调节企业社会网络的广泛性与企业创新绩效关系。

伯特进一步指出，一个网络的效率和有效性往往取决于一个网络的非冗余性联系的数量（Burt，2001）。两个结点之间的非冗余关系实际就是指结构洞（structural hole），结构洞的理论就是要有效率地建立网络和信息资源。如果主体拥有由非冗余性联系所形成的结构洞，则意味着，空洞之间的资源流动和信息流动必须要通过该结点才能实现。实际上，结构洞导致了某个主体拥有更多数量的信息来源，尤其对于那些具有对认知高度需要的行为者而言，该主体在网络中就处于非常关键性的位置。陈迪（2006）指出，结构洞位置不仅为其上的组织带来资源优势，更重要的是带来位置优势，体现为具有信息优势和控制优势。然而，科卡等强调，尽管这种网络结构给处于某个位置的群体成员能够连接其他群体的机会，处于这种信息交错的战略位置使得他们能够共享到多样化的知识，但是由于缺乏成员间利益的联盟，在涉及协作和快速移动资源的时候，这种稀疏网络结构就存在缺陷了（Koka & Prescott，2008）。换句话说，本书认为结构洞的主要缺陷在于难以理解和整合网络成员所包含的所有多样化信息和知识。所以说，因为这种结构阻碍了稳固连接的建立，因而削弱了隐性知识的转移和共享（Nonaka，1994）。罗斯特也发现如果没有强连接的存在，一个弱的网络结构（即结构洞或者中心—外围结构的外围位置）并不利于创新（Rost，2011）。

对上述争论，有学者认为，结构洞和冗余是否有益取决于产业生命周期和创新受干扰的程度这两个因素，随着创新规则变得越来越受干扰，企业结构洞的设定与企业绩效之间的相关性随之增长（Baum, Cowan & Jonard, 2010）。进一步，有学者对此进行了总结，一种观点认为位于连接密集的结点位置更好，因为有利于信息交换；另一种观点则相反，认为位于连接稀疏的结点位置更好，因为有利于获取和控制异质性资源、信息和特定机会的传播，然而两种网络结构的优劣取决于特定的环境，在动荡的环境下，稀疏的开放性位置更好；而在稳定的环境下，密集的闭合位置更好（Baum, Cowan & Jonard, 2014）。总体而言，最优的结构则是表现出局部集聚、整体稀疏的小世界网络结构。针对这一争论，在下面的章节中将进一步详细阐释。

另一个衡量结点在网络中的位置状态变量是网络中心位置（central network position），而网络位置与社会资本密切相关。社会网络学者认为个体可通过网络关系获得及运用各种资源，而这些资源即所谓的社会资本，其镶嵌于社会网络中，并由成员的社会网络位置所决定。当个人位于网络的中心性越高，所建立的关系连带越多，所拥有的社会资本也越多。罗利等认为中心企业与网络成员间的多重连接促进了网络成员间的资源承诺，这种高水平的资源承诺反过来又提高了成员间的交互频率和关系质量，有利于网络成员协调冲突，共同处理解决问题（Rowley, Behrens & Krackhardt, 2000）。伯特（2001）也提出，多数的研究表明，位于网络中心或连接许多强关系（strong ties）者，通常能获取较丰富的信息，对他人有较强的影响力和控制力，能提升他人对自己的依赖。莫兰认为由密集网络产生的中心性不仅增加了信息转移的范围和速度，而且能遏制信息使用中的机会主义行为（Moran, 2005）。窦红宾，王正斌（2011）指出，占据网络中心位置的企业将明显占据信息优势，且该中心位置的组织拥有更广泛联系，与网络中其他成员分享更多共同知识和信息，从而更易理解双方语言信息和知识，更有利于知识转移。马丁指出在与创新活动特别相关的背景下，网络内嵌性有利于信息和知识的流动与获取，特别的当一些参与者处于战略性或一定级别的位置时，这些参与者之间的连接能提供经济上有价值的知识，例如关于技术或市场机会（Martin, 2013）。同样，处于网络中战略性位置的参与者，能传播更多且高价值的资源，因而能对决策者施加更大的影响力。

尽管在一个合作网络中，其中心位置与知识创造间具有极强的正相关性（Chen & Liu, 2012），但是，通过对中国大陆、台湾、香港三个地区之间学术网络的实证研究发现，网络中心性与知识创造之间存在倒U形关系（Chiu，2013）。顾丽敏和段光（2014）的实证研究表明，集群网络中心性促进深度知识共享，但阻碍广度知识共享。同样，王伟光、冯荣凯和尹博（2015）则指出，在一个动态演进的产业创新网络中，一方面核心企业可以凭借规模经济、范围经济优势和知识转移等方式控制着网络中的非核心企业；另一方面随着技术和市场不断成熟，非核心企业借助于生产学习和技术累积的交互作用，其服务对象也不再局限于核心企业，而开始向核心企业以外的市场延伸，可能逐渐摆脱核心企业控制力的影响范围，这样就形成了所谓的“核心企业控制力悖论”现象。这些论述进一步表明社会网络结构对组织间知识共享的影响作用是随着两者之间动态的交互过程而不断演化，不是一成不变的。

恰当的网络结构能使知识共享变得更有效率。正如李纲（2013）等所指出，增大网络密度能缩短成员之间交流的路径，恰当使用或设置结构洞能拓展组织从外部获取知识的渠道，而较高的网络凝聚力，则加大了对组织内优质资源的利用。然而，哪一种网络结构特征对获取社会资本和网络资源是最有效的，研究者们还没形成一致意见。更多学者开始综合地分析网络密度与结构洞对知识转移与共享的作用，认为合理构建网络结构可以兼顾两者的优势。如里根和麦克维利引入了网络的网络凝聚力（cohesion of network）和网络范围（range of network）两个概念，并认为最佳的网络结构应兼具凝聚力和范围这两个特征（Reagans & McEvily，2003）。而周密，赵文红，姚小涛（2007）则进一步解释，网络凝聚力类似于网络密度，强调具有共同第三方的重叠关系的价值，可以减轻知识转移双方潜在的冲突，使知识转移变得容易；网络范围指跨越结构洞的网络连接作用，网络范围赋予了人们向不同的听众传送复杂观点的能力。另外，卡帕尔多（Capaldo，2007）、莫利纳和马丁内斯等都认为，将密集网络结构与具有结构洞的网络结构相结合能获得更多的优势，特别是处于一个动态和复杂的环境中（Molina & Martinez，2010）。同样，罗家德，张田，任兵（2014）也指出，密集网络强调的是利用机会，而稀疏网络则强调创造机会；平衡耦合与脱耦的理论说明了一个行动者，尤其是创业者，需要将个人社会网络由疏转密过程与由密转疏过程有机结合，相辅相成，因时而变。

3.3　产学研合作网络的结构形态对科技创新绩效的影响

社会网络的结构形态多种多样，诸如随机网络、小世界网络、规则网络、无标度网络等，其对知识共享的影响也不同。知识扩散速度随着网络随机度变化而改变，即规则网络中传播速度慢，而小世界网络中传播速度增快(Delre，Jager & Janssen，2007)。知识扩散程度很明显受到网络结构影响，且存在一种结构，即小世界网络，因为其具有较高内聚度和较短平均路径长，使知识扩散更完全（Cowan & Jonard，2004a)。而有学者则指出小世界网络并不是在任何条件下都有效，个体间的知识差异度也不是越大越好，而是要适度（Morone & Taylor，2004)。也就是说，只有首先克服“交流障碍”，网络结构的“小世界”特性才有助于知识扩散的均衡性，才有助于加快知识落后主体向优势主体的追赶过程，否则高差异度只会使个体间的差距越拉越大。胡峰，张黎（2006）则进一步指出，上述几位学者构建的模型存在一些问题，即其个体间知识交互机制建立在“易货贸易”规则之上，没有考虑到个人或企业可能存在知识保留的行为。李金华，孙东川（2006）的研究表明，在其他条件相同情况下，网络中知识扩散速度与网络随机化程度之间呈现正相关关系，即网络的随机化程度越大，网络中知识扩散速度越快，知识分布越均匀。周漩（2013）等发现，知识在社会网络中的传播对均匀网络平均度值和无标度网络初始传播结点值的依赖性小，对知识传播指数的依赖性大；在相同条件限制下，无标度社会网络的知识传播性能要高于平均度值相等的均匀社会网络。王建，胡珑瑛，马涛（2014）也发现，由于网络结构的不同，线性网络与完全网络、小世界网络在对知识获取上呈现相反的特点：在完全网络中，网络密度最大、平均路径最短；在小世界网络中，网络密度较大、平均路径较短；这两种结构都有利于知识的获取，而在线性网络中，网络密度小、平均路径长，网络结构不利于知识获取，这进一步影响了企业对创新平衡模式的选择。花磊，王文平（2014）指出，网络结构形态对创新效率的影响还受到创新主体的选择行为影响，即对于追求探索式创新的组织而言，完全图是其创新网络的最优结构；对于追求利用式创新的组织而言，如果只考虑创新速度，星结构是创新产生最快的网络结构；当需要从时间和成本进行考虑时，圈结构无疑是最好的选择。

3.4 产学研合作网络中最优结构争论的定性解释

3.4.1 网络结构中的疏密之争

基于引言所论述，可以确认产学研合作网络的结构会对科技创新绩效（知识共享）产生重要影响，那么一个显而易见的问题就是，究竟哪一种网络结构更利于提升科技创新绩效，即知识的扩散与共享呢？网络结构的两个主要维度是网络度分布和网络集聚水平（Pallotti，Lomi & Mascia，2013）。简而言之，这主要指的就是网络的稀疏或密集程度，那么前述疑问就转化为知识共享网络结构是稀疏好还是密集更好的问题。

然而现有文献中关于此研究还一直存在争论。例如，一方面，按照科尔曼（Coleman）的观点，认为密集的子群是社会资本的一种来源，具有高度连接性的群体会产生信任、共同语言、解决问题的启发式方法、对于机会主义行为的社会不认同等，这些都非常有利于知识扩散；另一方面，伯特则认为密集的局部连接是冗余的，在一个企业自我中心网络中结构洞的存在才是有效率的，局部密集网络可能是导致群体僵化的源泉（Cowan & Jonard，2007b）。那么对于产学研合作网络中的知识共享而言，社会网络究竟是密集好还是稀疏更好呢？导致其冲突性结论背后的原因是什么呢？如何协调两者之间的关系呢？这些问题的解决不仅有利于从理论上破解社会网络结构孰优孰劣的争论，而且有利于实践中利用网络结构布局来提升知识共享效率。基于此，本节从社会资本、结构洞、强连接、弱连接等不同理论视角来梳理和阐释密集网络、稀疏网络对知识共享的影响，弄清密集网络和稀疏网络优劣势的来源，阐释结论冲突的理论根源，最后提出弥合争论的对策，也为进一步在实践中采取何种策略提供指导。

3.4.2 基于社会资本理论的网络结构疏密分析

尽管对于社会资本的定义还不完全统一，但是帕特南（Putnam，1994，

2000）明确提出了社会资本的三大核心要素：信任、规范和合作。科尔曼也认为社会资本的主要存在形式包括威权关系、信任关系、规范与有效惩罚、信息网络等（Coleman，1992）。黄顺（2016）将这些不同形式整合为信任型社会资本、信息型社会资本，以及规范型社会资本。另外，一般的社会资本理论认为，与经济资本和文化资本等物质性资本不同，社会资本强调的是社会关系，因为社会资本不是存在于独立的个体中，而是存在于社会关系网络中，即格兰诺维特（Granovetter）所强调的社会资本嵌入性。朱宝清，王传会，许正朔（2019）指出，企业社会资本的本质可视为企业用于开拓社会网络的手段和途径，而并非一种实在的资本，社会网络可视为社会资本的主要内容，或者说是社会资本的一种衍生品。特别的，如果不考虑社会资本，社会网络就会变得无效，这是因为社会资本包括某种能确定社会网络内容并在任何特定环境中促进社会网络内容的公共结构（Huang，Wang & Yao，2019）。

以上论述阐明了社会资本与社会网络之间的关联性。因此，通过社会网络分析，可以较为明晰地认识到社会资本的存在及其对参与者的重要性。例如，曹勇，向阳（2014）的实证研究发现，社会资本在知识治理与知识共享之间具有完全中介作用。特别的，从既往研究中可以总结发现，阻碍知识共享的主要因素包括知识的隐性特性、参与者之间的社会信任程度、关于新知识的信息流动的通畅性、知识资源的可获得性等，而社会资本所包含的信任、规范和合作恰恰是解决这些障碍的重要基础。所以，对于参与者而言，其拥有的社会资本越多将越有利于群体的知识共享。

进一步，通过对人际关系网络的测量，可以了解一个人拥有的社会资本状况（林聚任，2009）。而且，从黄顺君（2016）关于对布迪厄、科尔曼、林南和帕特南（Bourdieu、Coleman、Nan Lin、Putnam）等社会资本学者关于社会资本测量的梳理中可以发现，尽管社会资本存量大小的测度有不同层面和维度，但社会网络密度是重要的通用指标。这表明社会网络密度越大，网络中的行动者将拥有越多的社会资本，进而提升知识共享绩效。例如，稠密的团队网络结构能够提高团队成员间信息与资源的互动频率，促进团队形成社会资本，对知识转移效果产生积极影响（Luo，2005）。因而，这一结论是众多学者偏好密集社会网络的最重要的理论支撑基础。

据此，许多学者基于这一论断从不同视角对密集社会网络在知识共享方面带来的优势进行了深入研究。例如，企业个体的知识积累速度对该企业与其他企业形成的网络密度有较大的依赖性（Henning & Saggau，2013）。可以这么理解：整体网络密度大小反映了网络对其内部节点的影响程度，如虚拟企业联盟网络密度大小一方面反映了联盟合作的紧密程度、健壮性，另一方面也是联盟网络对其节点企业提供资源能力的体现（刘佳，王鑫，2013）。而且，当成员间社会网络密度大、互动频率高时，集体性行为是比较容易实现的，因为个体间越是经常联系，就越有可能形成“合作的习惯”和集体性行为（李林，谢莉莉，何建洪，2017）。另外，较高的网络联系密度意味着企业间的频繁联系，而这首先强化了企业协同与交互过程，建立了成员的互信机制，从而推动隐性知识的共享，加速异质性知识的获取，而隐性知识和异质性知识一旦被有效共享并加以整合、内化，则会提升企业整体知识创新水平，从而构建区域创新的难以模仿的独特优势，最终有利于培育和增强企业的核心能力（陈伟，杨早立，张永超，2014）。

在知识转移过程中，高密度网络中节点间长期密切合作所形成的合作准则及声誉维护自觉性将增加转移双方之间的信任，使得他们对缄默性知识的转移意愿增强，进而提升缄默性知识的转移绩效（张宝生，2011）。制造企业研发团队内部高网络密度能够增强成员知识转移意愿，而高网络密度对知识转移意愿的促进作用来源于声誉传递机制的约束作用给予知识转移双方的信任（徐建中，朱晓亚，2018）。处于关系紧密的社会网络中，由于可选学习对象众多，主体的策略学习及更新效率将会更高；反之，若社会网络关系稀疏，会导致策略选择渠道闭塞，因而降低了学习者的模仿效率（曹霞，张路蓬，刘国巍，2018）。丰超等（2018）研究发现，分销商的网络中心性和网络密度对制造商采用两种关系型渠道治理行为均有正向且显著的影响，而后者则正向且显著影响制造商感知的渠道关系质量。

当然，也有一些学者发现社会网络的高密度与知识共享绩效之间并不是完全的正向关系。例如，高网络密度会增加网络密闭性与同质性，使成员过于依赖现有网络，不利于知识转移（伯特著，1992；任敏，李璐，林虹译，2017）。在网络结构与集群企业绩效关联关系的研究中，有学者指出网络规模与网络节点中心程度是产生集群企业绩效差异性的原因（Choi，Sang & Cha，2013）；有的学者则发现网络关系密度与创新绩效并非始终表现为线性关系，当网络密度过高，企业的创新绩效会降低，总体上二者呈现倒 U 形关系（Rooks，Szirmai & Sserwanga，2012）。而且，社会资本除了其积极的功能以外，亦有封闭性和局限性（林聚任，2009）。由此，以伯特为代表的一些学者开始思考过于密集的社会网络结构是否总是能提升知识共享的绩效。

3.4.3　基于结构洞理论的网络结构疏密分析

结构洞是伯特提出的一个概念，指的是两个行动者之间的非重复关系（Burt，1992）。之所以特别强调这种非重复关系，是在于他认为尽管网络规模越大意味着能更早获取信息，并且能获得更多举荐机会，但是如果只增加网络规模而不考虑网络多样性，那么网络就会在其他重要方面被弱化，因此增加网络规模，关键是要增加非重复性关系人的数量，即结构洞，特别的这种结构洞是与信息通路、先机、举荐以及控制等相应的企业家机会联系在一起（伯特著，1992；任敏，李璐，林虹译，2017）。这表明结构洞的优势在于引入异质性资源和创造信息控制优势。因为结构洞的存在促使中间人（或者称为看门人）的产生（宋丽丽，冯勇，王嵘冰，2018），而守护和控制信息、收集和扩散来源于组织外部的信息则正是看门人的两个重要角色（Barzilai-Nahon，2010），且看门人具有跨边界行为，承担边界代理人的角色，在创新多领域中识别和共享信息，同时利用跨边界代理人的资源促进网络合作伙伴间的交流与互动（Levina & Vaast，2005）。因此，通过中心性分析可以详细了解所有联盟成员的网络重要性，因为重要性高的成员可以控制较多的信息资源，包括获取、发布和传递信息，对联盟的信息共享具有促进作用。

具有多样化合作伙伴的网络是有利的，因为它们对于新企业而言能够提供互补性的能力，包括专业化知识、情感支持、金融资源以及技术等各种支持（Yang & Wang，2017）。因此，吴超，施建军（2018）指出，处于结构洞位置的独立董事能够为企业获取来自网络两端的大量的异质性信息和资源，从而提高了独立董事在企业战略决策中的影响力，镶嵌在独立董事网络结构洞中的异质性信息和资源是独立董事发挥治理功能主要影响因素，独立董事占据的结构洞位置越丰富，对企业战略决策的影响能力越大。而且，团队网络中结构洞比例越大，合作伙伴种类越多，所能接触的资源与知识范围就越广，有助于丰富团队认知资源、提高员工知识编码能力，促进团队知识转移绩效的提升。进一步，拥有较高比例结构洞的组织中，个体具有多样化的合作伙伴，知识转移双方能够积累更多的经验与技巧，从而使得知识源具备较强的知识释放能力，知识接收方拥有较强的知识吸收能力，知识源能够将发送的知识编码为接收方容易理解的语言，知识接收方能够在有效吸收各种缄默性程度较高的复杂知识时更加游刃有余，从而使得知识转移变得更加容易（陈伟，杨早立，张永超，2014）。另外，充当结构洞的某个企业可以把另外两个或几个互相没有联系的企业间接联系到一起，也就是起到一个“桥”的作用（朱宝清，王传会，许正朔，2019）。

然而，与其优势相比，结构洞也存在缺陷。例如，团队中的结构洞也有可能成为团队成员间进行信息互动的障碍（Luo，2005），因为结构洞程度太高会极大地增加中间人的协调压力，导致获取和转移知识的机会减少、效率下降，从而阻碍知识共享（Cross，Parker & Prusak，2001）。

3.4.4 基于强弱连接理论的网络结构疏密分析

格兰诺维特最早提出了强连接、弱连接的概念，它是基于参与者之间互动频率的大小来划分的（Granovetter，1973）。类似的，汉森将组织中密切而频繁的直接联系称为强连接，把组织间疏远、不频繁的直接联系称为弱连接（Hansen，1999）。从他们的定义可以看出，强连接即意味着局部网络内的密切频繁的知识交流和转移，这显然有利于知识的传播与共享，特别是有利于隐性知识的传播，而且这也是形成有效社会资本的重要途径。例如，强连接更能推进网络条件下企业的信息交换和知识传递（Uzzi，1997）。这是因为强连接能够提高默会性和独立性知识的转移效率，且在跨部门的知识传递过程中，强联接部门也具有与特定对象相关的、相对较强的知识表达和吸收理解能力，从而能有效克服知识传递的困难，其背后在于强联接部门的共同知识和相互理解发挥了重要作用（邝宁华，胡奇英，杜荣，2004）。进一步，具有强连接的参与者将对某个主题在很大程度上具有共同的理解，这就是为什么强连接使得参与者能交换需要共同理解的隐性知识（Park，Im & Sung，2017）。

然而，格兰诺维特的研究发现：其实与一个人的工作和事业关系最密切的社会关系并不是强连接，而常常是弱连接，因此，他强调弱连接实际上在社会网络中比强连接更重要（Granovetter，1973）。弱连接本质上起到桥接的作用，正是弱连接才使新的主意从外部世界传输过来，这一点和伯特的结构洞理论是一致的，强调异质性资源的获取。进一步，田慧敏，李南，邓丹（2005）指出，弱连接的重要性有三个方面：一是形成弱连接的关键人物（或节点）影响知识能否在社会网络中有效地扩散；二是网络的动态性强调了社会资本的重要性；三是信息或知识在网络中传递的效率和效果取决于网络的特征路径长度和内聚化系数。本书认为，第一点和第二点表明弱连接与结构洞在作用上的相似性，获得位置优势以及获取异质性资源，而第三点表明弱连接的网络结构恰恰能形成较高内聚度和较短平均路径长的最佳知识扩散结构，因此更有利于知识共享。

林向义，罗洪云，李秀成（2019）认为应综合地看待强连接与弱连接的关系，因为个体能否从社交媒体网络中有效获取异质性知识，主要取决于个体能否识别出弱连接关系并确定其中的桥连接/结构洞，并能充分发挥桥连接/结构洞周边知识经纪人的中介作用，但由于个体与弱连接关系的联系较少，彼此间缺乏信任，因此提升个体与知识经纪人之间的信任程度、最大限度地消融彼此间的冲突，增强彼此间的连接强度有利于异质性知识的获取。换句话说，就是群体或组织间维持弱连接以获取异质性资源，而组织内部则维持强连接以利于异质性知识在群体或组织内部的传播与共享，而这也与上述弱连接作用的第三点是吻合的。

3.5 产学研合作网络中最优结构争论的定量解释

3.5.1 最优节点度与网络结构的关系

从前面章节的论述中，已然了解产学研合作网络的结构特征必然会在不同层面上影响知识互动过程和创新成果。然而，对网络结构及其系统扩散特性的认识还不充分。因此，清楚地理解不同的网络结构如何以及为什么会影响社会网络中的知识扩散过程是很重要的，正如我们一直讨论的产学研合作网络最优结构的争论（Muller，2017；Sorenson，Rivkin & Fleming，2006）。

一般来说，最常见的网络结构特性有节点数、连接数、网络密度、中心度、结构洞、弱连接或强连接、平均路径长度、集聚系数和度分布，它们被用来描述网络中的知识扩散。例如，一些学者回顾了社会网络结构如何影响创新的市场绩效（Muller & Peres，2019）。具体来说，他们讨论了网络的全局特征，即平均度、度分布、聚类等。本章研究的是节点度，它定义为与节点连接的连接数。根据这一概念，节点度涉及节点的个数、网络密度、中心度、平均路径长度、簇系数和度分布。这些指标意味着节点度作为网络最重要和最基本的统计特性之一的核心作用（Barabási & Albert，1999）。例如，在联盟和网络形成调查中，一个共同关心的问题是一个公司形成的连接数量（即节点度）（Cowan & Jonard，2009）。此外，连接概率在很大程度上取决于节点可以激活的有效连接的数量，具有较大节点度的个体可以学习更多的信息和知识，这有助于知识的扩散（Cowan & Jonard，2007b）。

然而，正如前文所述对于密集型或稀疏型网络是否最有效地进行知识传播和共享，以及强连接型或弱连接型社会网络是否更容易获取外部资源，则存在着激烈的争议。关于密集网络和稀疏网络效应的许多实证研究是多种多样的。此外，网络是否密集取决于节点之间的连接数量（即节点度）。换句话说，在给定的网络总体中，较高的节点度表示更密集的网络，较低的节点度表示更稀疏的网络。因此，这种争论的实质在于节点度对知识转移过程的影响方式，或者说知识转移的最优节点度是什么。

首先，一个紧密相连的关系网络类似于社会资本（Coleman，1988）。根据社会资本理论，节点之间的联系可以代表各种社会资源。从这个角度看，这意味着联系越多越好。联系越多，获得更多资源的可能性就越大。如果企业能够获得更多的外部知识资源，那么它们在创新能力方面就具有更大的优势（Hargadon & Fanelli，2002）。显然，更多的直接联系增加了企业获得的知识、想法和资源的数量（Ahuja，2000；McFadyen & Cannella，2004；Reagans & McEvily，2003）。

其次，更多联系的形成增加了节点间交互的可能性。知识扩散是通过相互作用而发生的，因此参与者之间相互作用的网络结构影响着知识扩散的表现（Cowan，Jonard & Özman，2004）。正如科尔曼所指出的，集聚理论认为，密集的网络由于更深的累积经验和密集的交互作用而带来好处（Coleman，1988）。此外，社交网络中的互动提高了个人形成更亲密关系的动机（Lawler & Yoon，1998），从而促使合作伙伴更好地相互理解和信任（Higgins & Kram，2001）。此外，对社会关系的信任使团队成员更倾向于分享信息和知识（Collins & Smith, 2006), 并反过来促进合作伙伴之间的互动（Chen & Wang, 2008）。

再次，更大的网络密度，加上更大的联系集合（即更高的节点度），往往更有利于建立信任、声誉机制和规章制度，以限制机会主义，因为这有助于形成有效的惩罚机制（Fleming King & Juda, 2007; Coleman, 1998; Gulati, 1995; Hagedoorn & Duysters, 2002），提高组织在网络中的吸收能力（Gilsing et al., 2008），增强以高级研究的形式解决复杂问题的能力（Ahuja, 2000; McFadyen & Cannella, 2004; Reagans & McEvily, 2003），并促进充分传播信息的合作（Henttonen, Janhonen & Johanson, 2013），从而加速信息流动，提高知识转移的能力（Lin, Cook & Burt, 2001）。

最后，节点度越高，平均路径长度越短，知识和信息传播越快。具有较高节点度的节点可以减少总的平均路径长度（Zaidi et al., 2015）。信息扩散的速度和程度将随着密度的增加而增加（Yamaguchi, 1994）。特别是一个小世界网络，其特点是短路径和高内聚度，被认为是最有效的知识传播网络结构（Cowan & Jonard, 2007a, 2007b, 2009）。

然而，也有许多反对密集网络的论点。例如，根据社会资本理论，节点之间的联系也代表了义务和期望。因此，从这个角度来看，这可能意味着联系越少越好。同样，根据伯特的说法，建立和维护关系也会产生成本，企业可以通过减少冗余关系来提高网络效率（Burt, 1992）。此外，由于对现有合作伙伴的潜在忠诚预期，密集的网络可能会阻碍代理与其他人结盟（Duysers & Lemmens, 2003; Gulati, Nohria & Zaheer, 2000; Nooteboom, 1999），并不可避免地阻碍多样性的存在和利用，从而阻碍新的增值（Gilsing & Nooteboom, 2005），多样性理论强调了由于市场交易的出现和稀疏网络产生的新思想以及结构洞在促进知识转移和创新方面的重要作用（Burt, 2004; Obstfeld, 2005; Walker, Kogut & Shan, 1997）。此外，密集的网络可能会增加新知识和信息通过其网络流入企业的概率，这可能会导致不受欢迎的溢出风险（Gilsing & Nooteboom, 2005）。

基于以上讨论，本书发现以往的研究主要关注密集和稀疏网络的优缺点。然而，决策者更关心的是他们应该采用什么样的网络结构来解决这些问题，而不是就这个话题展开辩论。因此，有必要了解形成密集稀疏网络的先决条件。也就是说，由于节点度与网络密度高度相关，因此应该更加关注影响节点度的因素。此外，为了确定是否应该采用密集或稀疏网络，还需要探索最佳节点度。只有这样，才能为政策干预提供切入点。

因此，基于知识转移过程，本书提出了一些重要的问题。第一，根据一些不同的理论，表明联系越多越好，还是联系越少越好。这意味着应该有一个平衡点，即最佳节点度。第二，网络随机性决定了从完全规则网络到完全随机网络的网络结构（Watts & Strogatz，1998）。那么在不同的网络结构下是否存在一个最优的节点度呢？第三，不同的知识交互规则反映了知识扩散过程的不同影响。例如，易货规则意味着只有当两个参与者获得共同利益时，才能进行交互。这意味着一些交互可能被中断，更多的联系（即更高的节点度）可以弥补这种交互机会的损失。反过来，由于知识交换条件的弱化，礼物规则更容易使交互充分。因此，节点度的存在和大小是否会受到不同交互规则的影响？第四，在一个给定的合作网络中，如果不同类型的知识（即知识禀赋）更为丰富，参与者将更为直观地进行互动，以获取组织提供的不同知识。知识禀赋的深度如何影响节点度的存在和大小？第五，如果参与者知识很少，一个组织可能需要与其他组织建立更多的联系，以便获得必要的知识资源。因此，知识量如何影响节点度的存在和大小？

为了回答这些问题，本书将研究不同因素与节点度之间的关系，确认是否存在最优节点度，而这正是破解合作网络结构疏密争论的关键点。首先，建立了企业通过混合规则交换知识时的知识扩散模型，混合规则包括双边互惠贸易（即易货规则）和单边有利贸易（即礼物规则）。其次，借助于断链重连算法，构造了一个从完全规则网络、混合网络到完全随机网络的不同结构的网络（Cowan & Jonard，2007b；Watts & Strogatz，1998）。再者，建立了衡量知识扩散效率的评价指标，包括平均知识存量（AKS）和知识扩散速度（SKD）。最后，通过仿真分析了各因素对节点度的影响。

3.5.2 产学研合作主体间知识扩散模型的构建

（1）知识交互规则。组织之间可能存在着不同的知识互动规则。例如，易货规则意味着一家组织将其知识的一部分转移给另一家组织，并用不同类型的知识进行回报，两家组织都认为这种交易是互利的（Cowan & Jonard，2007a，2004）。相比之下，根据礼物规则（或者称为赠予规则），一家组织并不期望获得知识作为回报，这意味着组织之间有发展或维持社会关系以维持交换的意图（Bell，1991）。因此，易货规则似乎对知识互动施加了更严格的约束。此外，本书认为易货规则是组织，特别是企业间的一种正式关系。然而，在社会网络中仍然存在着大量的非正式关系。因此，易货贸易和礼物贸易似乎可以共存。例如，在产业联盟的背景下，决策者希望通过开展技术合作、参加创业沙龙、考察和研究成功的企业等多种方式，提高所有成员的知识水平。在许多情况下，这种知识交互对知识提供者没有明确的好处，它是一种礼物交易。因此，我们建立了参与者通过混合规则（即同时易货规则和赠予规则）交换知识时的知识扩散过程模型。这种交换只能在相互有直接联系（边）的公司之间进行。当两个参与者相遇时，它们要么进行双边的，要么进行单边的互利的交易。换言之，一方面，如果参与者A拥有公司B没有的知识，同时，参与者B拥有参与者A所没有的知识，则结果是互惠交换可行（即易货规则）。另一方面，如果A拥有B所没有的知识，但B没有A所需要的，这种贸易仍然可以进行，但这将是一种单边有利的交换（即礼物规则）。这个过程是重复的，这是通过合作网络进行知识传播的基础。

（2）基本网络结构构建。第一，基本假设。假设一组产学研合作主体构成社会网络，有 $N=(1,2,\cdots,n)$，每一个主体看成是一个节点，而组织之间的关系看成是一个边（或者称为连接）。与此关联的合作网络形成一个无向图，记为 $G(V,E)$，其中 $V=\{V_i,i\in N\}$ 代表每个节点所被连接的其他节点的集合。从节点 i 到节点 j 的最短路径长定义为 l_{ij}，即 $V_i=\{j\mid l_{ij}=1,j\in N\}$。当 $l_{ij}=1$ 表明节点 i 和节点 j 是直接相连的。特别的，只有当两个节点是直接相连的时候，两个节点之间才可以彼此交互（交换知识）。如前所述，产学研合作主体需要不同的知识用于创新，因此令 $\lambda=(1,2,\cdots,k)$，其中 k 代表合作网络中能提供的异质性知识总的类型的数目，即在整个合作网络中有多少种不同类型的知识。然后，又假设每个参与者赋予一个知识向量（知识禀赋）。用 $\boldsymbol{\kappa}_i=[\boldsymbol{\kappa}_i^1(t),\cdots,\boldsymbol{\kappa}_i^\lambda(t),\cdots,\boldsymbol{\kappa}_i^k(t)]$ 表示参与者 i 在时刻 t 的知识量，且有 $\boldsymbol{\kappa}_i^\lambda(t)\in\{0,1\}$。$\boldsymbol{\kappa}_i^\lambda(t)=1$ 表示参与者 i 在 t 时刻拥有知识 k，而 $\boldsymbol{\kappa}_i^\lambda(t)=0$ 意味着参与者 i 在 t 时刻不拥有该类型知识。令 $S_i(t)$ 表示时刻 t 参与者 i 的知识存量，即有 $S_i(t)=\sum_{\lambda=1}^{k}\boldsymbol{\kappa}_i^\lambda(t)$。

考虑到组织之间的异质性，它们应该具有不同的资源禀赋。因此，一开始的时候，任何一个企业 $i(i \in N)$ 按照独立同分布概率 q 拥有 k 个类型的知识，其中 q 反映了合作网络中个体的知识丰富或稀缺程度的平均值。

第二，形成不同的网络结构。以下将分析不同网络结构对节点度的影响。断链重连算法用于创建不同的网络结构。根据该算法，从一个完整的规则图开始：在一个有 n 个节点的圆环，每个节点只有一些连接到其最近的 m 个邻居的连接（这里，m 是节点度的大小，它是偶数）。按顺序操作每个节点的连接。从节点 1 开始，它将按照顺时针与其最近的邻居相连。以概率 p，切断它与邻居的连接，随在整个图上其他的点中随机选择一个与之相连。那么每个连接则有 $1-p$ 的概率大小保持不变。沿着圆环顺时针前进，要考虑到每个节点的连接不能遗漏，同时也要避免重复连接。完成一轮后，算法重复该过程，并从第二个最近的顺时针邻居开始下一轮过程。只需重复这个过程，然后逐步考虑更遥远的邻居，那么就会形成一个从完全规则的网络（即 $p=0$）到一个混合型的网络（即 $0<p<1$），再到一个完全随机的网络（即 $p=1$）。

（3）知识扩散效率测度。一些学者利用网络的效率来衡量未加权网络（Baggio & Cooper，2010；Vragović，Louis & Díaz-Guilera，2005）和加权网络（Latora & Marchiori，2001）的知识扩散效率。此外，均值 μ 和方差 σ^2 用于衡量知识在参与者之间的积累和扩散（Cowan & Jonard，2007b）。考虑到产学研合作知识共享的最终目标，决策者希望每个组织都能获得所有可能的知识，以提高其创新能力。换言之，他们更感兴趣的是知识扩散的程度，而不是其他衡量效率的指标。因此，本书只考虑知识扩散的程度，即知识存量的累积量。

如果节点度能使得合作网络达到一个更高的整体知识水平，那么节点度将会越大越好。因此，本书采用平均知识存量［即 $AKS(t)$］来测度中整个网络系统的知识存量平均值。定义如下：

$$AKS(t) = \frac{1}{n}\sum_{i=1}^{n} S_i(t) \qquad (3-1)$$

式（3-1）表明，AKS 越大，知识扩散程度越高。

（4）最优节点度计算。节点度多大才被认为是最优的？在本书中，利用节点度的边际效应来测度知识累积。确切地说，如果随着节点度的增加，所有节点的总知识存量并没有提升，那么就认为节点度达到了最优规模。即如

果有 $\exists k \in n$，从 $m=k$ 到 $m=n-1$ 按照间隔 2 递增，当 AKS 达到一个定值或者在一个很小区间内波动，那么此时的 k 就是最优节点度的大小。

3.5.3 仿真实验与结果分析

按照前文所述，在很多研究中（Watts & Strogatz，1998；Cowan & Jonard，2007a，2007b，2004），节点度 m 是被很武断地设为一个定值。事实上，尽管断链重连算法会对个体的节点度产生些许的变化，但是 m 的平均值，即总的连接数是保持不变的（Cowan & Jonard，2007b）。因此，把 m 看成是一个定值似乎很合理。进一步来说，极端一点，太密集的网络或者太稀疏的网络并不是最有效率的。因而，在 0 到 $n-1$ 之间存在一个最佳的节点度数值。然而，以往文献对如何解决这一问题的关注有限。因此，确定 m 是否存在一个最优值是非常重要的，它可以确保选定任意的 m 值来进行仿真实验是否具有可靠性，并找出适合知识扩散的网络密度。这里，将证明在不同情况下最优节点度（即 m^*）的存在性，并考察不同因素对最优节点度大小的影响。

（1）不同网络结构对节点度的影响。在本小节中，将探讨由参数 p 控制的不同网络结构中是否存在最优节点度 m^*。这里，$n=201$，$q=0.15$，$k=50$，m 为 2 ~ 200，间隔为 2，$p=$（0，0.01，0.1，0.2，0.4，0.6，0.8，1）。此外，m 的值表示参与者 i 和所有其他参与者之间的连接从最小值 2 增加到最大值 $n-1$。另外，p 的值表示网络结构从一个完全规则的网络演化为一个完全随机的网络。

如图 3-2 所示，可以得出两个结论。首先，不同的网络结构中确实存在最优节点度。很明显，在开始阶段，知识积累的增量随着 m 值的增加而急剧增加，这意味着更多的连接确实提高了知识扩散的效率。然而，当 m 达到 20 时，曲线逐渐变平，当 m 接近 60 时，曲线变为一条直线，这表明过多的连接并不一定能显著提高知识扩散的效率。结果表明，存在一个最优节点度。另外，从几条曲线的对比来看，尽管在不同网络结构下，最优节点度的大小可能不同，但不同的网络结构中都存在最优节点度（即曲线趋于水平）。

其次，从图 3-2 来看，较高的 p 值会使得知识积累边际增量减少。p 值反映了网络的随机性，p 越高，节点之间的路径长度越短。因此，一个较大值 p 的网络结构比一个较低 p 值的网络在开始时会使扩散更迅速和更广泛。

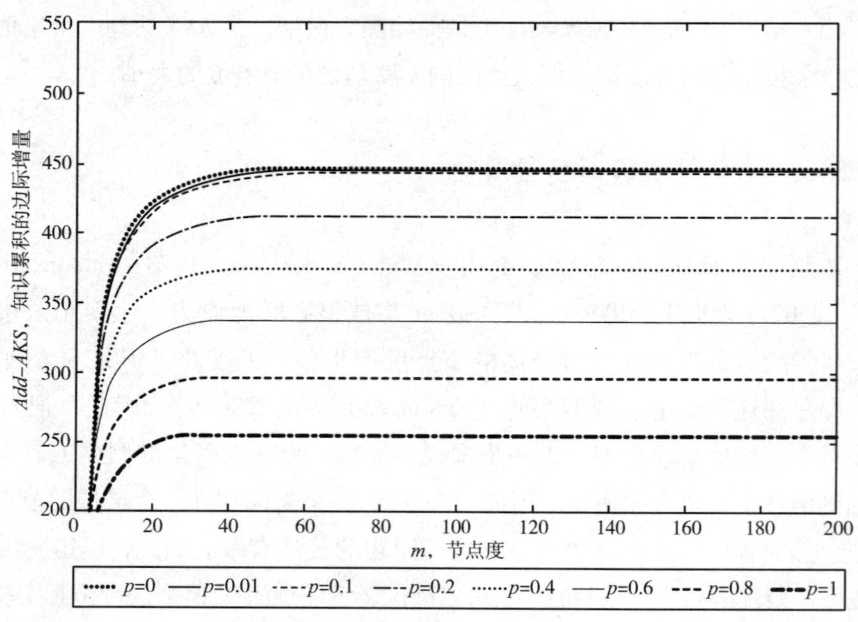

图 3-2　基于不同随机度水平 *p* 下的知识累积边际增量与节点度 *m* 之间的关系

因此，连接数的增加所产生的效果不如较低 p 值的网络强大。更特别的是，它不是一个严格的单调函数，如 $p=0$，0.01 和 0.1 所示。更多的模拟可以支持类似的结果，这与一些学者（Cowan & Jonard，2007b）的结论是一致的。

（2）网络规模对节点度的影响。在本小节中，将探讨给定不同的网络规模大小（由参数 n 表示）时，是否仍然存在最优节点度。这里 $q=0.15$，$p=0.3$，$k=50$，$n=$（101，201，301，401，501）。结果如图 3-3 所示。

首先，在不同的网络规模下，最优节点度是存在的。其次，从知觉上来说，网络中的连接似乎随着网络大小 n 的增加而同步增加，以便共享更多的知识。但最优节点度的大小不会随 n 的增加而显著变化。因此，m^* 和 n 之间没有正相关关系。为了检验 m^* 和 n 之间的关系，我们绘制了两个变量之间关系的一条曲线，如图 3-4 所示。m^* 的大小在很小的间隔内波动，这表明最优节点度并不是随着 n 的增大而无限增加，存在一个阈值上限。此外，这一结果意味着，如果考虑到建立和维护这些联系的成本，产学研合作主体之间更多的联系未必是件好事。

（3）交互规则对节点度的影响。在本小节中，将探讨易货规则对最优节点

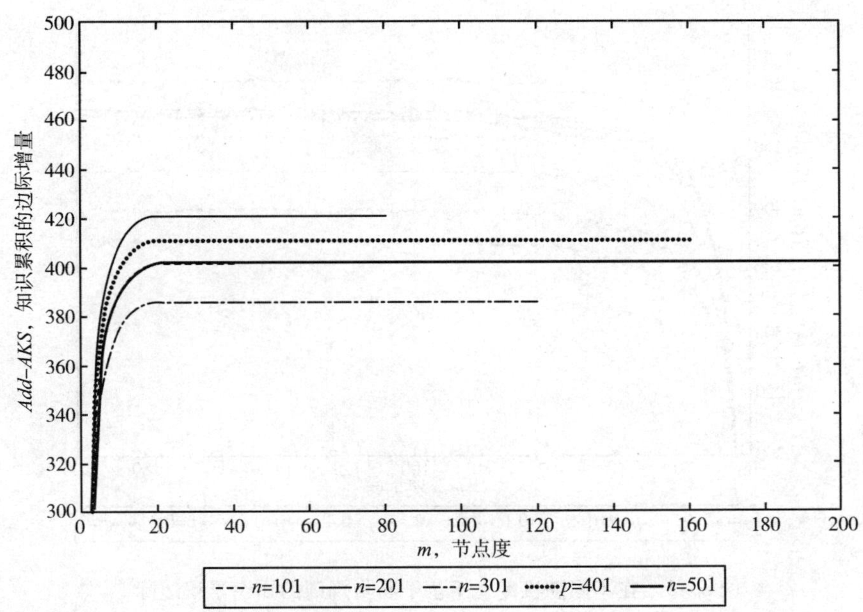

图3-3 基于不同网络规模 n 下的知识累积边际增量与节点度 m 之间的关系

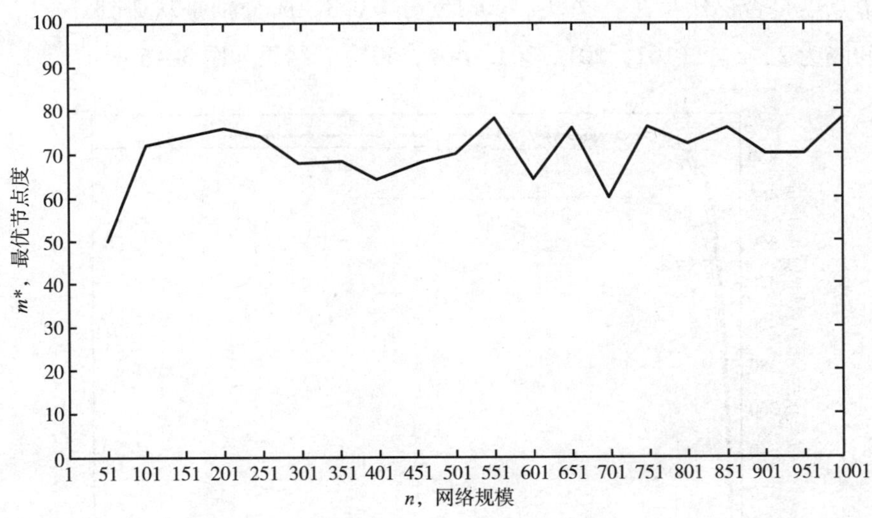

图3-4 最优节点度 m^* 与网络规模 n 之间的关系

度的影响。首先，本书考察了在不同的随机度 p 水平下，给定一个易货规则，$n=201$，$q=0.15$，$k=50$，m 为 2～200，步长间隔为 2，$p=$（0，0.01，0.1，0.2，0.4，0.6，0.8，1），判别最优节点度是否仍然存在，结果如图 3-5 所示。

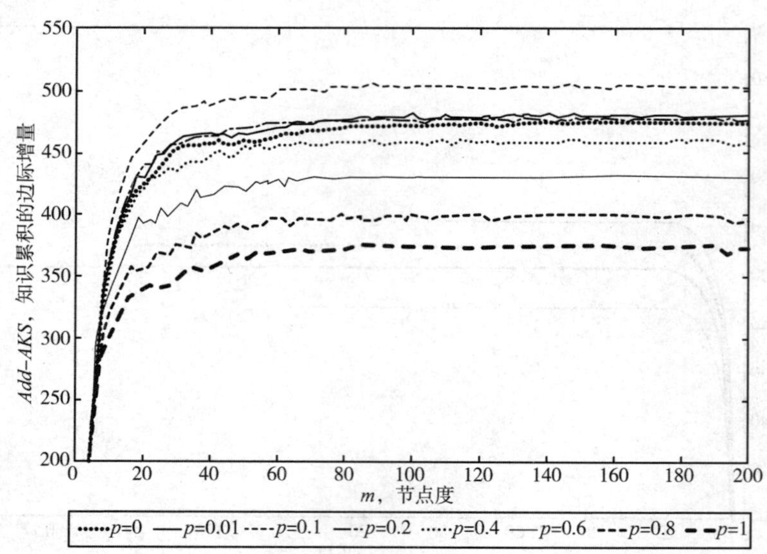

图 3-5　在不同随机度 p 下基于易货规则的知识累积边际增量与节点度 m 之间的关系

其次，本书研究了在不同的网络规模 n 水平下，给定一个易货规则，最优节点度是否仍然存在。这里 $q=0.15$，$p=0.3$，m 分别是从 2 到 $n-1$，步长间隔为 2，$n=$（101，201，301，401，501）。结果如图 3-6 所示。

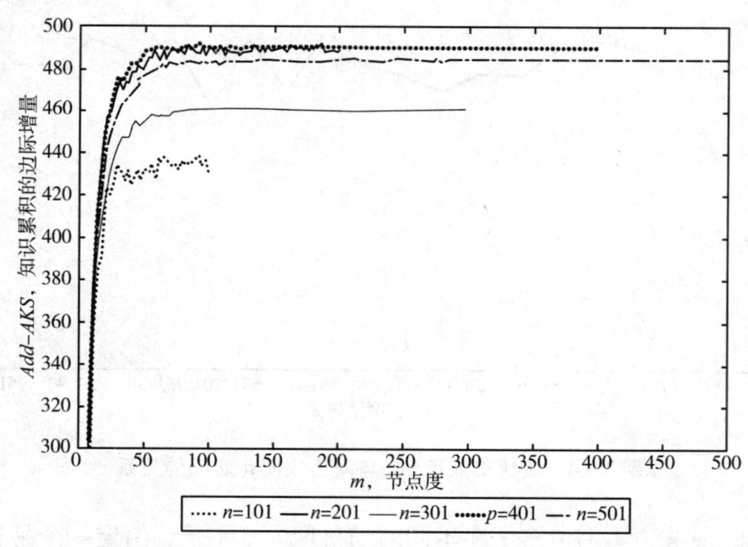

图 3-6　在不同网络规模 n 下基于易货规则的知识累积边际增量与节点度 m 之间的关系

将图3－2和图3－3与图3－5和图3－6进行比较，发现改变交互规则并不影响最优节点度的存在。但需要注意的是，最优节点度的范围是在很小的间隔内，而不是常数。事实上，这一结果意味着，易货规则相比礼物规则，知识扩散是不完全的。

（4）知识禀赋对节点度的影响。在本小节中，将探讨知识禀赋 k 对最优节点度的影响。知识禀赋 k 反映了产学研合作网络中的知识深度。这里 $n=1001$，$q=0.15$，$p=0.3$，$k=$（10，30，50，70，90）。结果如图3－7所示。

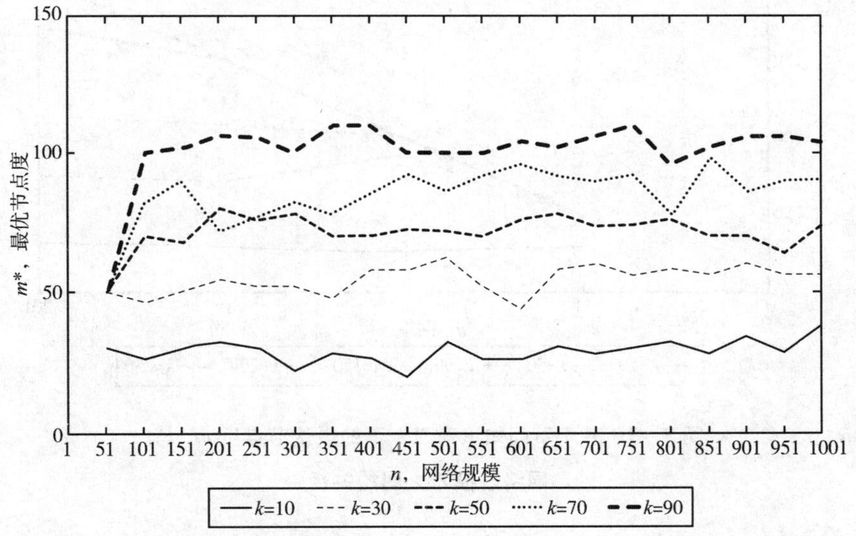

图3－7 基于不同知识禀赋水平 k 下的最优节点度 m^* 与网络规模 n 之间的关系

从图3－7可以看出，最优节点度的平均大小随着知识禀赋 k 的增加而增大，即最优节点度与知识禀赋之间存在显著的正相关关系。如上所述，知识禀赋越高，合作网络中所有参与者需要的新知识越多。因此，每个参与者都需要更多的连接来了解和获取更多的潜在资源。这一结果可以解释产业集群的成功。此外，图3－7中的结果还表明，最优节点度 m^* 的大小仍在一个小的区间内波动，这表明在不同的知识禀赋 k 水平下，网络规模 n 的大小对最优节点度 m^* 的影响很小。

此外，从图3－7可以得出结论，参数 k 对最优节点度大小有很大影响，并且 k 和 m^* 之间存在正相关。因此，存在这样一个问题：如果 k 大于 n，则最优节点度是否会达到最大值（即 $m^* = n - 1$）。为了节约仿真模拟时间，将合作网络规模设置较小，即 $n = 201$。其他参数设置如下：$q = 0.15$，$p = 0.3$，$k =$（10，50，90，150，200，250）。结果如图 3-8 所示。

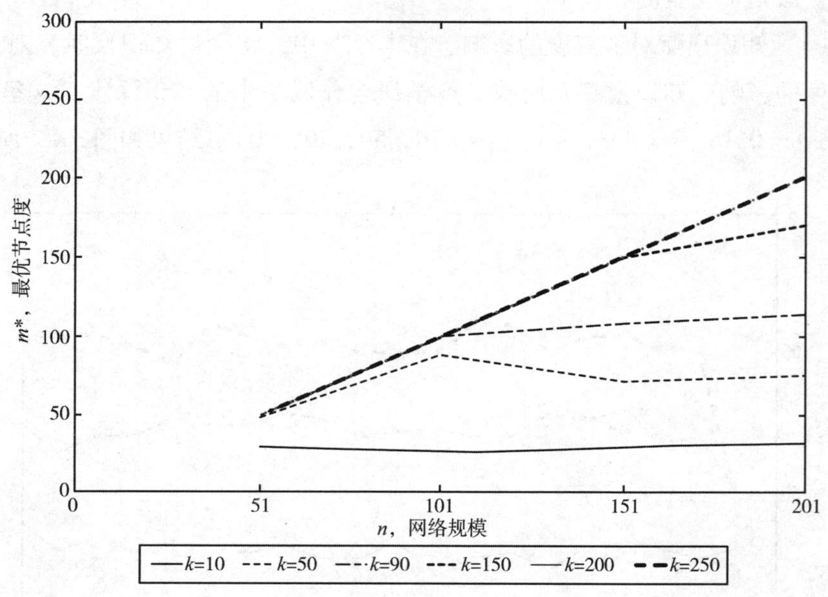

图 3-8　基于不同知识禀赋 k 下的最优节点度 m^* 与网络规模 n 之间的关系

计算结果证实了本书的假设，即当 k 不小于 n 时，最优节点度达到最大 $n-1$。更准确地说，比较图 3-7 和图 3-8，很明显，如果参数 k 远小于 n，最优节点度 m^* 将在相当小的区间内变化，如图 3-7 所示。相比之下，如果 k 逐渐接近或超过 n，m^* 和 n 之间的关系曲线将变得更陡，甚至变成一条直线，如图 3-8 所示。结果表明，网络中的知识禀赋是决定最优节点度的重要因素之一。

（5）知识存量对节点度的影响。在本小节中，将探讨企业知识量对最优节点度的影响。知识存量用参数 q 表示，q 反映了参与者所拥有的知识的稀缺性或丰富性。换言之，较高的 q 值意味着组织最初拥有更多的知识。参数分别为 $n = 1001$，$p = 0.3$，$k =$（10，30，50，70，90），以便与图 3-7 进行比较。特别是，此时条件 $q = 0.85$ 意味着每个组织拥有的知识是丰富的。结果如图 3-9 所示。

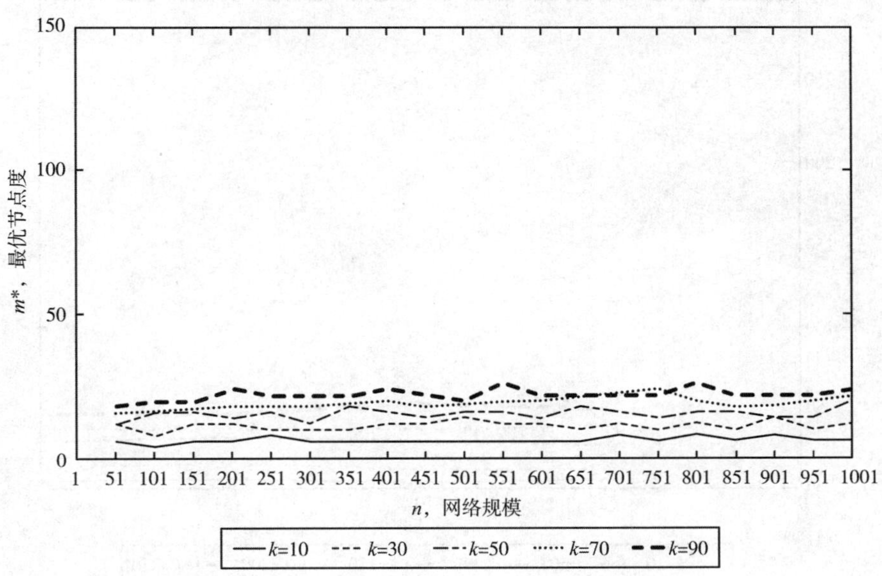

图3-9 较大知识存量 q 和不同知识禀赋 k 下的最优节点度 m^* 与网络规模 n 之间的关系

图3-9表明，最优节点度的平均大小随着知识存量 q 的增加而减小。这意味着最优节点度 m^* 与知识存量 q 之间存在显著的负相关关系。换句话说，如果每个组织拥有更多的创新所需的知识（即更大的 q），则组织需要从其他组织获得的知识要少得多。因此，每家组织需要较少的连接来获取知识资源。结果，最优节点度 m^* 减小。

与图3-4和图3-7相似，最优节点度 m^* 的大小仍在一个小的区间内波动，这表明在不同的知识禀赋水平 k 下，网络规模 n 的大小对最优节点度 m^* 的影响也很小。

此外，还测试了当 k 大于 n 时 q 对 m^* 的影响。根据图3-8，只将参数 q 从0.15更改为0.85。结果如图3-10所示。如果 q 大得多，即使 k 大于 n，m^* 与 n 之间的关系曲线也会变得更平坦。这一结果证明了参数 q 是最优节点度的另一个决定因素，并且比 k 具有更大的解释力。

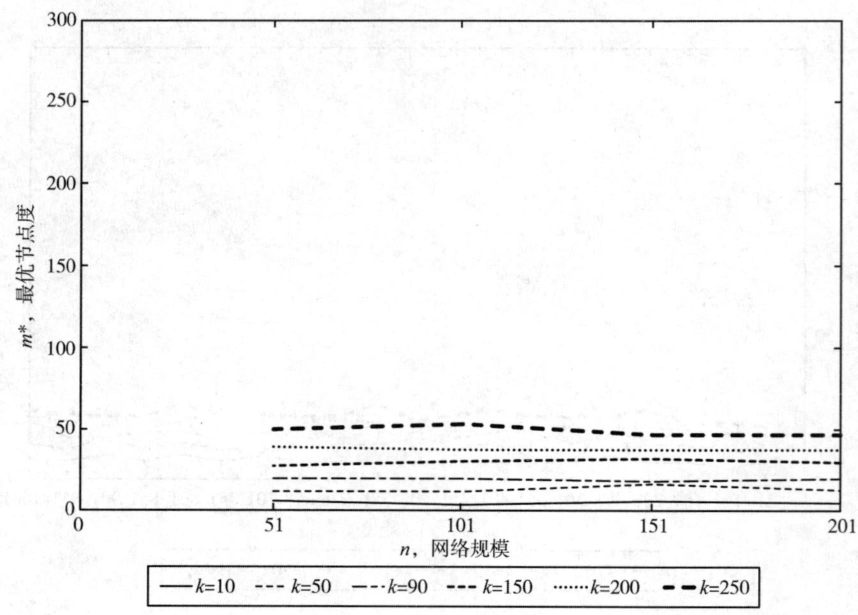

图 3-10 较大知识存量 q 和较大知识禀赋 k 下的最优节点度 m^* 与网络规模 n 之间的关系

3.5.4 结论与讨论

本节研究了影响节点度的因素，这些因素与网络的度分布、密度、中心度、聚类系数等特性密切相关。此外，给定一个网络规模，节点度决定了网络的密度。特别是，关于密集型网络还是稀疏型网络更适合产学研合作网络中知识扩散的争论，近年来一直没有得到解决。因此，如果能够找到并确认最优节点度的存在性，就可以得出哪个更好的结论。

仿真结果表明，当考虑网络规模、网络结构、知识禀赋、知识稀缺等不同影响因素时，组织间的知识共享总是存在一个最优节点度。此外，这些因素对最优节点度大小有不同的影响。首先，最优节点度的大小随网络随机性 p 的增大而减小。不难理解，由于随机性参数 p 的增加，路径长度变短，提高了知识扩散的效率，减少了组织之间的联系。其次，网络规模大小对最优节点度大小影响不大。更准确地说，最优节点度的大小随网络规模的变化而保持稳定。换句话说，更多的参与者并不意味着它们之间有更多的联系。再者，最优节点度的大小将随着知识禀赋 k 的增加而增加，这意味着可用知识随着 k 的增加而增加，因此，每个组织需要更多的连接来获取所需的知识，这使得节点度的大小增加。最后，最优节点度的大小与单个组织的知识存量呈负相关，这表明组织拥有的知识随着 k 的增加而增加，因此每个组织需要从其他组织获得较少的外部资源即可，进而导致组织之间的联系变得不那么重要。

3.6 本章小结

产学研合作网络为什么对其科技创新绩效产生影响？产学研合作网络从哪些因素方面对科技创新绩效产生影响，有什么样的影响？针对这些问题，本章首先阐明了产学研合作网络与科技创新绩效之间影响作用的逻辑关系，将产学研合作网络对科技创新绩效的影响转化为对知识共享的影响；进而从产学研网络的结构特征对科技创新绩效的影响、产学研网络的结构形态对知识共享的影响方面阐释了产学研合作网络对科技创新绩效的影响，并引出产学研合作网络结构优劣争论的难题。其次从社会资本理论、结构洞理论、强弱连接理论三方面分析了该争论的内在原因。最后基于最优节点度视角，利用仿真模拟的定量分析方法，进一步阐释了网络结构疏密之争。基于上述分析，可以得到以下结论：

第一，创新过程是由参与者在获取、应用、重组和产生新知识等方面具有的能力所驱动的，因此如何实现和提升参与者的这种知识获取、应用和创造能力就显得极其重要，这直接关系到科技创新的产出绩效。特别的，科技创新绩效的重要表现就是异质性知识和新知识在产学研合作主体之间的有效转移和共享，而产学研合作网络则正好能克服这一过程中的知识转移障碍。由此可见，产学研合作网络对其科技创新绩效存在重要的影响作用。

第二，由于时间与资源的限制，或者说考虑到合作网络的构建与维护成本，产学研参与主体可能疲于处理如何甄别知识以及吸收知识，因而组织间的交流将变得压力重重。因此，正如有学者（Bechky，2003）所指出的那样，由于没有充足的时间来理解和整合文化、视角、共享方式等问题，导致可以广泛获得知识与信息的优势消失了。换句话说，尽管某个组织处于网络中心位置或者具有高密度，但是这种网络结构带来的优势也可能被所花费的高额构建或维护成本抵消。当前，研究者们主要都强调网络结构在获取信息和知识上的优势，而很少关注在什么样的条件下（不仅仅是网络结构特征本身的优缺点，还要考虑网络建构的社会环境和维护的时间、金钱等成本以及知识属性等）构建的网络结构才能有效地促进企业间知识的流动与共享。

第三，知识共享社会网络结构疏密之争的根源在于理论基础的来源不同。社会资本理论和强连接理论的视角强调网络规模带来的关系数量优势，有利于促使群体信任、规则意识、交流互动，进而推动知识共享，特别是破解隐性知识黏滞性难题，提高知识共享绩效，因此偏好较为密集的网络结构。而结构洞和弱连接理论则更关心这些关系的质量，强调异质性资源和信息的重要性，认为密集网络会使得信息、知识产生大量冗余，对于群体知识共享绩效并没有好处，因而倾向较为稀疏的网络。但是考虑到异质性资源获取后的快速传播和共享，因此越来越多的学者们开始聚焦两者优点的结合，更偏好群体或组织内部连接密集，群体或组织之间连接稀疏的网络结构，这正是小世界网络结构的特征。

第四，产学研合作网络结构的疏密优劣性依赖于参与者所处的社会网络的特性，这也是造成疏密之争的重要原因。简单来说，不同的研究者进行实证分析的案例来源不同，使得构成知识共享社会网络的参与者具有不同属性，进行导致研究结论存在显著差异，甚至严重冲突。然而，这些实证案例恰恰又能支撑其各自的理论分析，因此这些研究结果具有真实性，最终导致不同学者的研究结果存在争论。例如，刘斌和李磊（2012）对强弱连接和工资水平之间关系的实证研究中发现，强连接比弱连接更容易建立求职通道，但强连接这种桥梁作用并未对劳动者的工资水平产生正向效应，反而是较低寻职概率和异质性的弱连接更有利于提升劳动者的工资水平。然而本书也强调，这一结论在数据收集外的其他地区是否具有适应性还需要进一步检验。尤其是在中国这种特别注重社会关系且地区文化差异极大的特殊情境下是否具有普遍性还值得商榷和进一步研究。

第五，通过定量化方法进行仿真分析发现，在网络结构中总是存在最优节点度，即最佳的连接密度，换句话说，这证明了过于稀疏的网络或者过于密集的网络都是不恰当的，在某一个中间条件下，存在均衡状态。

由此可见，单纯讨论和比较疏密结构的优劣性，其意义不大，也无法进行严格的区分。因此未来的研究趋势应该从网络结构形成的外生性视角转向内生性视角，即着重分析什么样的因素会影响网络结构的疏密性。换句话说，就是寻找和识别疏密网络结构的不同适用条件，进而通过控制和优化前置变量或者选择更合适的网络结构这两种方式来提升知识共享绩效。

第 4 章

产学研合作网络形成与演化的建模与仿真分析

4.1 引言

在第 3 章中，已经详细描述了产学研合作网络会对其科技创新绩效产生重要影响的缘由，因此希望进一步探究什么样的网络结构最有利于科技创新绩效的提升。然而，产学研合作网络的不同结构形成受到什么样的因素影响呢，它的结构又是如何形成的？本章将对这些问题进行分析和探讨。

网络结构的形成可能以“自然”的方式形成，如家族血缘关系的树形结构；或者是既定战略的结果，如组织间战略联盟形成的网络结构。但是，随着时间的推移，结点间的关系也在演化，网络结构不可能保持不变，例如，由于长期的正式合同关系，进而可能产生基于私人友谊的非正式关系。正如鲍威尔和格洛达尔指出的，战略关系可能愈加内嵌到社会关系里，那么社会的和基于信任的合作可能最终导致战略的和基于合同的协作（Powell & Grodal，2005）。也就是说，产学研合作网络的结构也将随着这种结点间关系的改变而改变。科万和约纳德指出，网络中的明星结点作为知识分布的重要中心，使得高度不对称网络有助于快速知识扩散（Cowan & Jonard，2008，2009）。另外，如果一个明星结点退出参与网络，这会导致分布网络的严重破坏，如果多次退出，那么扁平型的网络会受到偏爱。这显然表明网络结构对知识扩散效率产生重要影响，然而这种结构又可能与知识交换的微观特性有关。这在他们的另外研究中得到证实，科万和约纳德指出，在没有新知识产生的知识扩散过程中，随机网络更好；但对于有创新的知识扩散而言，规则网络更好；对于长期知识集聚而言，小世界网络最好（Cowan & Jonard, 2004b）。科万和约纳德的研究还表明，当知识是稀缺的时候，具有结构洞的网络更好（Cowan & Jonard, 2007b）；而当知识是丰富的时候，具有高密度的网络更好。进一步，西梅德隆德认为，外显知识的社会网络结构被明确的规则、高质量的信仰、信任所控制和维持，而内隐知识的社会网络结构被互惠规范、终身学习信仰、增量信任所分配和维持，潜在知识的社会网络结构被自由的规范、创新信仰和有利的信任所控制和维持（Simedlund, 2008）。

知识的获取程度可能代表着一个产业或者组织不同的发展阶段，换句话说合作网络结构的变动还受到网络主体自身各种特征的影响，诸如知识特性、组织文化、组织环境、领导特质等。与之相对应的，魏江和寿柯炎（2015）总结指出，结构视角的研究主要强调结构洞、网络密度、中心性、规模等焦点组织的结构嵌入特性或网络本身的结构特征对组织行为和绩效的影响，然而他们把所有网络结构的节点视为均质的，尽管从社会学角度来讲，这样的解释有助于回答社会行为下社会资本的内在属性，却无法很好地回答经济行为下组织自身特征与外部异质性节点组成的网络架构间的相互关系及其对组织行为和绩效的影响。知识搜寻战略限定了什么样的网络类型是最适合的，反过来，网络类型也决定了最适合的网络结构和关系嵌入，即参与什么样的网络应该考虑到这些网络所处的不同环境（Nieves & Osorio, 2013）。德米尔坎等的实证研究发现，组织的既有网络规模、连接强度以及知识质量都是网络演化的显著性决定因素，但是这种影响会受到组织惰性的调和（Demirkan, Deeds & Demirkan, 2013）。蔡亚华等（2013）的研究表明，在中国情境下，差异性团队领导行为不利于创造稠密的团队交流网络，以及团队知识分享。格宾斯和多利通过对大学和组织之间的特定网络研究发现，网络结构也具有生命周期似的演化过程，在创新过程的不同阶段，网络特征的演化和效应对创新产生不同作用（Gubbins & Dooley, 2014）。

进一步而言，在涉及更为复杂的知识交互结构时候，参与者之间的知识转移成为一个涉及多层面的现象。毫无疑问，一个网络的结构性配置很可能在微观层面和系统层面上影响知识交换过程（Mueller, 2017）。例如，在组织的微观层面，组织联盟网络结构影响其知识创造的潜力，特别是那些内嵌于具有高集聚和短路径特征的联盟网络内的组织将比那些位于不具有该特征网络内的组织表现出更大的创新产出（Schilling & Phelps，2007）。而在宏观的区域层面，弗莱明等的实证分析揭示了在专利协作网络中区域小世界结构的存在，但是却并没有发现在地理区域内小世界网络增强创新生产力的证据。这些都表明，社会网络是知识交换的前提，而随着系统变得越来越复杂，背后的网络结构和知识创造与扩散之间的联系必须要有透彻的分析和理解（Fleming，King & Juda，2007）。换句话说，本书面临的问题是，什么样的网络结构最有利于产学研合作主体间知识扩散与共享，从而提升其合作创新效果呢？

针对这样的问题，很多学者基于网络结构特征指标，对不同网络拓扑结构进行比较，从而选择出最佳知识扩散网络结构。例如，拉西亚纳和罗弗尔认为，当结点间的物理相似性更为重要时，规则网络往往更有利于创新扩散（Laciana & Rovere，2011）。而有些学者则认为，相比较规则网络和完全随机网络，小世界网络由于同时具有较短的平均路径长和较大的集聚系数，因此最有利于知识扩散（Cowan & Jonard，2004，2007a，2007b；Choi，Kim & Lee，2010；Delre，Jager & Janssen，2007；Eslami & Ebadi，2013；Kim & Park，2009）。莫罗内等通过分析个体的不同学习策略、网络拓扑以及个体的地理分布还有相对初始知识水平等因素的效应，发现小世界网络确实比规则网络表现要好，但是与随机网络相比不佳（Morone，Morone & Taylor，2007）。还一些学者则指出，由于现实世界中度分布往往是异质性的且满足幂律分布，因此无标度网络被认为能提供最优的知识转移模式（Amblard & Deffuant，2004；Lin & Li，2010；Stauffer & Sahimi，2005；Tang，Xi & Ma，2006；Tang，Mu & Maclachlan，2010；Xuan，Xia & Du，2011）。

那么一个值得探索的问题就是，究竟什么样的网络拓扑结构才是最优的呢？导致这些研究结论相互冲突的根源在哪里呢？是否存在一个更为包容的研究结论来弥合这些差异呢？本书并不否认诸如关系或者社会内嵌性对组织的重要性，但是，社会资本理论（包括结构内嵌性）过度强调了社会关系的作用，因为，如果当创新是一个合作联盟的目标以及成功需要知识互补性时，即使不考虑社会资本，知识互补性及其背后的驱动力就完全能决定网络拓扑结构（Baum，Cowan & Jonard，2010；Cowan & Jonard，2009）。换句话说，产学研合作主体之间对于知识互补性的需求内在地驱动了这些参与者形成特定的网络拓扑结构。

另外，从网络结构特征比较分析不同网络结构优劣的方法是基于结构外生性视角的，然而正如莫罗内等所强调的，理论上最优的随机度 p（$p \in [0, 1]$, $0 < p < 1$，根据 p 值大小来判定其属于规则网络、小世界网络还是随机网络）在现实世界中可能无法实现（Morone & Taylor，2004）。换句话说，在实践中，产学研合作参与者无法根据理论最优结果构建相对应的网络结构，因为找不到对应的条件。

在这样的背景下，本书认为既然知识互补性决定了网络拓扑结构，那么就不能再从外生性视角来分析问题，而应转到内生性视角，即关注什么样的因素影响了社会网络拓扑结构的形成。另外，从图论的视角来看，网络的形成就是处理点和点之间的关系。因此，如果参与者能够根据一定的规则来挑选出合适的合作成员，那么从实践上来说，合作创新网络就已建成。基于此，本书首先在梳理现有盟员选择的影响因素及交互模式相关研究文献之后，制定出更为贴近现实的盟员选择规则、知识交互规则以及知识创新规则；然后，通过建立组织间合作创新模型并进行仿真；再次，通过分析在组织间知识交互的过程中，代表网络结构特征的平均路径长、平均集聚系数两条曲线的变化情况，描述相应网络拓扑结构的演化过程，并进一步阐释产学研合作创新过程中是否只对应一种最优网络结构，还是在不同阶段具有不同的最优网络结构；最后，这些结论可能有助于弥合关于哪一种网络拓扑结构最优的争论，并在实践中为产学研合作主体如何构建有效的合作创新网络提供了可实现路径。

4.2 基于盟员选择的产学研合作网络形成与演化影响因素分析

如本章4.1节引言中所说，产学研参与主体构建有效的合作创新网络将归结为对合作伙伴的有效选择，即盟员选择。因为不同组织个体参与这些网络影响它们的行为和绩效，所以不论从理论还是实践上来说，理解这些伙伴如何被选择都是非常重要的（Baum，Cowan & Jonard，2010）。据此，本节主要对盟员选择相关影响因素以及知识交互过程等理论进行简要的梳理。

4.2.1 社会资本对产学研合作创新盟员选择的影响

尽管科万强调，因为个体是异质性的，所以位置、禀赋、技术、体验以及某个体所交流对象的特定特征都将影响一些个体的最优选择、行为以及收益（Cowan & Jonard，2007a）。然而，关于产学研合作联盟的研究大多聚焦于在社会资本考量基础上的盟员选择问题，特别是对于盟员选择的解释很大程度上来自格兰诺维特（Granovetter）所提出的结构性嵌入交换概念。例如，奥克斯利认为，由于对潜在盟员的能力、可靠性以及动机等方面的信息存在不完美性，因而会导致在组织间的交换关系上可能存在风险（Oxley，1997）。因此，组织可能通过先验连接（即曾经发生过的联系）、间接连接（即第三方连接）来降低风险（Gulati & Gargiulo，1999）。换言之，重复产生惯性。按照重复博弈的解释：信息的完备性之所以影响均衡结果，是因为如果每一个参与人的特征不为其他参与人所知时，该参与人就很有可能积极建立一个好声誉，以换取长远利益。抑或说，组织倾向重复过去的连接，这种重复性产生信任，从而增强了结盟的意愿。

另外，伯特也指出，来自共同伙伴的担保和介绍也能够降低对潜在伙伴质量和动机的不确定性（Burt & Knez，1995）。换言之，共同连接产生传递性。例如，如果A和B，B和C分别是伙伴关系，但A和C不是，那么通过B的间接传递可使A获得更多关于C的信息，从而降低风险。进一步，如果C存在机会主义行为，那么可以通过B将该信息传递到其他群体。这不仅促进了信息的传播，而且放大了声誉的效应，有效地抑制了机会主义行为。显然，这些情形内在地促成了内聚的形成。总的来说，正如鲍姆等所言，内嵌性使得组织更频繁、更密集地与限定的一组成员结盟，因为连接的信息价值可以激励组织重新构建与以往伙伴的关系，以及通过伙伴的介绍，与伙伴的伙伴产生新的连接（Baum，Cowan & Jonard，2010）。

4.2.2 知识互补性对产学研合作创新盟员选择的影响

科万指出，已有文献中关于联盟的讨论强调了组织形成联盟的一个重要原因就是发现互补性知识资产，并且这样的论断得到了许多案例的强有力支持，组织的知识资产以及相互融合对知识创新联盟的成功起到了重要作用（Cowan & Jonard，2009）。换句话说，他们认为知识互补性在盟员选择上的重要角色可以解释合作创新网络结构的形成。进一步，鲍姆等认为，合作增强组织的外部创新活动和产出，通过提供获得互补资产和技术知识，一个组织的知识和竞争力需求对其产生了合作的诱惑，而它自己的知识和竞争力决定了它对潜在合作伙伴的吸引力，因此，从知识的视角来看，伙伴关系受到互补性驱动（Baum，Cowan & Jonard，2010）。特别的，温平川和杨朝琴（2019）认为，场域交互是知识互补的基本实现方式，且知识互补的实现效果决定了产学研协同创新的成败。

4.2.3 知识空间距离对产学研合作创新盟员选择的影响

合作创新隐性地涉及通过整合（至少）两个组织的知识存量来创造新知识，而这些知识存量将位于知识空间的不同位置，因此盟员之间的知识距离可能是一个重要的问题（Cowan & Jonard，2009）。如果组织间的知识空间距离彼此太接近，那么它们的知识存量重叠太多，因此就没多少共享点；如果它们彼此相距太远，那么又很难理解彼此，因此共享和重新组合也太困难（Baum，Cowan & Jonard，2010；Cowan，Jonard & Özman，2004；Grant，1996）。显然，在知识空间上应存在最优距离，组织间形成联盟的可能性将随着这两个潜在伙伴远离这个最优距离而下降（Mowery，Oxley & Silverman，1998）。阿胡亚和卡蒂拉也发现在两个组织间知识重叠和创新绩效之间存在一个相似的倒U形关系（Ahuja & Katila，2001）。进一步，刘满凤和唐厚兴（2011）认为，每个组织都将在群体中搜寻与自己知识存量相匹配的个体并与之建立交互关系，并基于相对知识势差设置选择的阈值条件。

4.2.4 产学研合作伙伴之间的知识交互过程模式

科万和约纳德认为，个体重复遇见那些与之直接相连的个体，如果存在共同利益，那么他们之间会发生交易，即将个体间交换不同类型知识的过程看成是一个“以物易物”交换过程（Cowan & Jonard，2004）。而从经济生产和激励角度来说，只有基于互惠，这种知识交换才能长期维持，推动创新持续发展，否则礼物式的共享（或者说“搭便车”）只能短期使部分成员获益，长期来说对群体合作创新绩效产生致命打击。因此，科万和约纳德强调，个体间的知识交换不是一个礼物而是一个易货交易，同时他们也考虑了易货交易和礼物赠予两种模式共存的情形（Cowan & Jonard，2007a，2007b）。基于此，产学研合作组织之间的知识交互过程首先被看作是一个互通有无的过程。组织所拥有的知识被看成是一个 k 维度的向量（k 表示群体中所需的知识种类数目），向量的分量值为 1 或者 0，分别表示拥有该类知识和不拥有该类知识，而组织间则通过易货式交换或无偿赠予方式来互通有无，实现知识共享。但是，这两种交互模式仅仅实现了各自知识的交换，而没有知识的创新增值。

另一种假设则考虑了知识增值情况，接收者能够增长知识的程度是他和发送者之间相对知识水平的函数（Cowan，Jonard & Özman，2004）。因此，一种简单的模式就是线性函数，该线性函数系数代表产业吸收能力（Baum，Cowan & Jonard，2010）；或者是组织知识吸收能力（Cowan & Jonard，2004）。还有一种较为复杂的则是一个单调上升的非线性指数关系（刘满凤，唐厚兴，2011）。

4.2.5 存在的问题与解决路径

基于上述理论基础的梳理和阐释，可以发现，重复而频繁交往确实可以增加信任，这会使得双方在交互过程中对自身拥有的专有知识不加保留（或者说不存在机会主义的“搭便车”行为），进而有可能提升了知识转移的速度，甚至提高了创造新知识的概率。然而，如果知识弱势方在通过前期频繁地交互后已获得所需的知识后，那么后期可能将不再与前期的知识优势方合作，而是选择单干或者寻找新的优势方。相反，不论什么情形下，合作创新的参与者必须考虑的是，所选择的盟员是否拥有自己所需的知识，以及是否能够有能力吸收到新知识。因此，本书认为社会资本对盟员选择具有重要影响，但不是根本性的，而知识空间距离原则是盟员选择前提，知识互补原则是交互基础、是合作创新结盟的驱动力，易货原则是知识交互、增值的具体方式。据此，本书提出在进行盟员选择时，知识空间距离为第一原则，知识互补原则为第二原则，只有先后满足这两个原则，两个组织之间才能建立联系，为进一步知识交互奠定基础。

其次，在知识交互增值过程中，本书认为简单的线性增长关系显然不符合科技创新规律，因此考虑到学习能力一般具有初期缓慢，之后较快，最后平稳，并可能经历多次循环的特点，拟采用 Logistic 曲线替代定值或简单知识存量比例来作为吸收能力系数。

4.3　产学研合作网络最优结构形成与演化过程的建模

4.3.1　组织知识存量的设定

首先，假设产学研合作创新网络的参与者数量是 n，有 $N = \{1,2,\cdots,n\}$。其次，如引言中所述，组织创新需要拥有不同种类的知识，因此用一个知识向量来代表其知识的拥有情况。假定产学研合作联盟中所拥有的知识种类总共有 k 类，$K = \{1,2,\cdots,k\}$，令 $\kappa_i(t) = [\kappa_i^1(t),\kappa_i^2(t),\cdots\kappa_i^r(t),\cdots,\kappa_i^k(t)]$ 表示 t 时刻组织 i 所拥有知识的分布情况，其中 $\kappa_i^r(t)$ 表示 t 时刻组织 i 所拥有的 r 类别知识的数量，$r \in K$。那么组织 i 所拥有的知识存量 $S_i(t)$ 则可以用向量 $\kappa_i(t)$ 的模来表示，即有：

$$S_i(t) = \sqrt{\sum_{r=1}^{k}[\kappa_i^r(t)]^2} \tag{4-1}$$

该值越大，表明越远离知识原点（即所有知识类别都为0的状态），其所拥有的知识存量越大，潜在的创新能力越强。

用平均知识存量（AKS）来衡量群体总的知识累积情况，它描述的是组织在知识空间中距离知识原点的平均长度变化情况。

$$AKS(t) = \frac{1}{n}\sum_{i=1}^{n}S_i(t) \tag{4-2}$$

用平均知识偏离度（AKD）衡量群体内组织间的知识水平分化情况，它描述的是各个组织在知识空间中彼此距离的接近程度，其值越大，表明组织间知识偏离程度越高；其值越小，表明组织间知识重合程度越高。特别指出的是，在以往文献中该指标是测度两个组织在知识空间中距知识原点的距离差，而本书中则是测度空间中任意两点之间的距离差，因此不仅能测度组织间知识存量的差异，还能测度在知识类别上的差异，从而能更好地测度组织之间的趋同或趋异特征。

$$AKD(t) = \frac{1}{2n(n-1)}\sum_{i=1}^{n}\sum_{j\neq i}^{n} \| \boldsymbol{\kappa}_i(t) - \boldsymbol{\kappa}_j(t) \| = \frac{1}{2n(n-1)}\sum_{i=1}^{n}\sum_{j\neq i}^{n} \sqrt{\sum_{r=1}^{k} [\boldsymbol{\kappa}_i^r(t) - \boldsymbol{\kappa}_j^r(t)]^2} \quad (4-3)$$

其中，$\| \ \|$ 表示向量之间的模（欧式距离）。

4.3.2 产学研合作盟员选择规则的设定

根据前面所述，本小节将知识空间距离原则、知识互补性原则转换为数学表达式。首先，对于任意两个组织 i 和 j, $i,j \in N$, 其知识存量分别为 $\boldsymbol{\kappa}_i(t) = [\boldsymbol{\kappa}_i^1(t), \boldsymbol{\kappa}_i^2(t), \cdots, \boldsymbol{\kappa}_i^k(t)]$ 和 $\boldsymbol{\kappa}_j(t) = [\boldsymbol{\kappa}_j^1(t), \boldsymbol{\kappa}_j^2(t), \cdots, \boldsymbol{\kappa}_j^k(t)]$。因为每个组织是位于 k 维的知识空间，因此 t 时组织 i 和 j 之间的知识空间距离是两点之间的欧式距离，即：

$$\delta_{ij}(t) = \sqrt{\sum_{r=1}^{k} [\boldsymbol{\kappa}_i^r(t) - \boldsymbol{\kappa}_j^r(t)]^2} \quad (4-4)$$

知识空间距离的最小值和最大值为：

$$\delta_{\min}(t) = \min\{\delta_{ij}(t)\} \quad (4-5)$$

$$\delta_{\max}(t) = \max\{\delta_{ij}(t)\} \quad (4-6)$$

那么知识空间距离规则可以表示为：

$$\alpha\delta_{\min} \leqslant \delta_{ij}(t) \leqslant \beta\delta_{\max} \quad (4-7)$$

其中，α, β 分别表示知识空间距离的上下限的控制参数。

其次，如果 $\exists r_1, r_2 \in K$, 且 $r_1 \neq r_2$, 有：

$$\boldsymbol{\kappa}_i^{r_1}(t) > \boldsymbol{\kappa}_j^{r_1}(t) \quad (4-8)$$

且：

$$\boldsymbol{\kappa}_i^{r_2}(t) < \boldsymbol{\kappa}_j^{r_2}(t) \quad (4-9)$$

则表明组织 i 和组织 j 之间满足知识互补性原则。

4.3.3 产学研合作组织间知识交互的设定

在满足空间距离原则、互补性原则的基础上（即满足式（4-7）、式（4-8）和式（4-9）），组织 i 和组织 j 建立直接关系（即网络的边），此时两个组织之间的网络最短路径长 $d_{ij}=1$，因而两者存在交互的基础和可能。

根据之前讨论，假设知识交互过程满足：

$$\kappa_i^{r_2}(t+1)=\kappa_i^{r_2}(t)+\lambda_i(t)\cdot|\kappa_j^{r_2}(t)-\kappa_i^{r_2}(t)| \quad (4-10)$$

且：

$$\kappa_j^{r_1}(t+1)=\kappa_j^{r_1}(t)+\lambda_j(t)\cdot|\kappa_i^{r_1}(t)-\kappa_j^{r_1}(t)| \quad (4-11)$$

其中，$\lambda_i(t),\lambda_j(t)$ 分别表示 t 时刻组织 i 和 j 的知识吸收能力，$|\kappa_j^{r_2}(t)-\kappa_i^{r_2}(t)|$ 表示两者之间在知识 r_2 类别上的知识势差绝对值。

组织的知识吸收能力显然和自身的知识存量有着密切关系。一般而言，组织学习吸收能力初期较慢，随着知识累积的增加，这种学习吸收能力会加速，到达一定程度后学习吸收能力趋于饱和，换句话说，这个过程满足“慢—快—慢”的规律，十分类似于 Logistic 曲线，因此本章采用简单的 Logistic 函数来设定学习能力系数，如式（4-12）所示：

$$\lambda_i(t)=\frac{1}{1+e^{-S_i(t)}} \quad (4-12)$$

4.3.4 产学研合作网络结构的设定

首先，从图论的视角来看，每一个组织就是一个结点，组织与组织之间的关联形成了一条边，由此构成一个无向图。本书认为组织之间知识交互的网络结构是内生的，不是固定不变的，而是受到盟员选择条件的影响而变动，网络结构形成过程的本质就是盟员组织的选择过程。因此。假设每个组织按照盟员选择规则来选择各自的交互对象［即满足式（4-7）、式（4-8）和式（4-9）］，从而形成对应的边。

其次，也有学者指出，具有初始互补知识组合的盟员往往一段时间后变得更为相似，随着他们持续交互和彼此学习，使得它们成为不具有吸引力的伙伴（Mowery，Oxley & Silverman，1998；Uzzi，1997）。这一观点表明，在组织间协作创新的整个过程中，伙伴关系并不是固定的，而是不断演化的，这也与实际情况相符合，即本书所强调的内生观点。另外，出于协作关系的稳定，这种重新选择可能不是随时立即发生的。因此，为了弥合这两者之间的矛盾，本书提出采用“短期固定，长期演化”的协作网络结构。具体来说就是，当初始情况下，组织群体根据盟员选择规则选择相应盟员，并形成了初始网络结构；当知识交互每经过 T1 个周期后，各组织的知识存量状态发生变化，此时根据既有交互规则，各组织重新选择伙伴，进而形成新的网络结构。不断重复这一过程，直到整个交互周期 T 结束。

最后，利用网络结构特征指标测度组织协作创新网络结构变化过程中对应的拓扑结构，从而发现对知识共享最有利的网络结构。按照文献（Cowan & Joanrd，2007a；Watts & Strogatz，1998），平均路径长（average path length，APL）和平均集聚系数（average clustering coefficient，ACC）可以衡量一个网络的结构特性，其中 *APL* 简单测度结点间的平均距离有多远，是图的一个全局特征；相反，*ACC* 反映的是某个个体的邻居之间彼此也是邻居的程度，它是对本地连接性的测度。公式如下：

$$APL(t) = \frac{1}{n}\sum_{i=1}^{n}\sum_{j=1,j\neq i}^{n}\frac{d_{ij}}{n-1} \tag{4-13}$$

$$ACC(t) = \frac{1}{n}\sum_{i=1}^{n}\sum_{j,h\in\Gamma_i}\frac{\varphi_{jh}}{\|\Gamma_i\|(\|\Gamma_i\|-1)/2} \tag{4-14}$$

其中，Γ_i 表示组织 i 所有的邻居，即 $\Gamma_i = \{l \mid d_{il} = 1, l \in N, l \neq i\}$，$\|\Gamma_i\|$ 表示组织 i 所有邻居的个数。如果 $h \in \Gamma_j$，则有 $\varphi_{jh} = 1$；否则 $\varphi_{jh} = 0$。

4.4 仿真实验与结果分析

4.4.1 基本参数设定

仿真实验基于 Matlab R2017a 软件平台。假设参与合作创新的组织规模为

$n=500$，知识种类数量 $k=20$。由于组织是异质的（产学研不同主体特征所导致的），因此这些组织的初始知识存量分布水平也是不一样的，因此设定分布参数 $q=0.25$，表示组织群体中有25%的个体在每一类知识上具有较高水平；反之75%个体拥有较低水平。具体来说，在给每个组织的每一类知识赋予初始值时，利用rand随机函数生成一个随机数，如果该随机数小于 q，那么本书采用均匀分布函数unifrnd在区间［0.8，1］上生成一个知识存量数；如果该随机数大于 q，则在区间［0，0.8］上生成一个知识存量数。知识交互总周期 T = 100，结构演化间隔周期 T1 =5。知识空间距离上下限控制参数 $\alpha=2, \beta=0.6$。

4.4.2 数值仿真与结果分析

（1）合作创新群体的知识存量变化与群体分化情况的仿真与分析。本小节主要分析随着知识交互过程的进行，合作创新群体总的知识存量变化情况以及群体的分化情况，仿真结果如图4-1所示。图4-1中，实线表示群体平均知识存量（*AKS*），虚线表示平均知识偏离度（*AKD*）。从图4-1中可以明显发现，*AKS* 曲线初始增长非常快，然后缓慢增长；相反，*APD* 曲线初始下降非常快，然后缓慢下降。

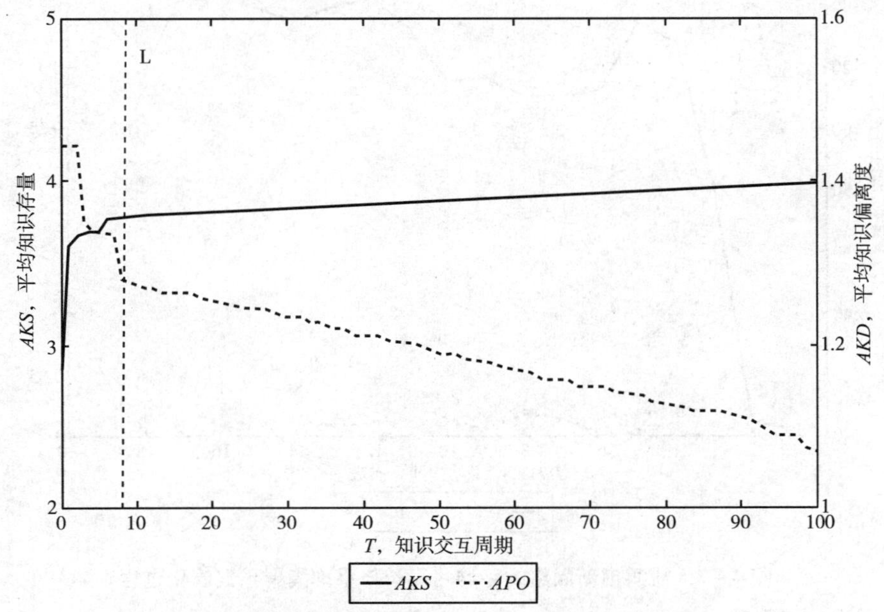

图4-1 协同创新群体平均知识存量与个体间分离度的演化过程

如何解释上述现象呢？首先，随着组织之间合作创新的实施，组织彼此交换和共享各自的优势知识，而将自己的优势知识共享给别人并不会减少自己的知识存量，因此整体知识存量呈上升态势。另外，在初始情况下，大部分组织知识存量比较低，且知识交互机会也比较多，因此通过交互使得知识存量能快速上升。然而，随着交互的进行，个体知识存量的增加导致交易机会的减少（参考式（4－7）、式（4－8）、式（4－9）的交互条件限制），因此群体知识存量增长变得逐渐缓慢。其次，每个组织知识存量的增加，不仅体现在总量上，而且还体现在每一个知识种类上，因此从知识空间上来看，组织彼此逐渐靠近，这使得组织间的知识偏离程度逐渐减少，即群体趋向同化。特别是在群体知识存量增长最快的阶段，也正好是群体同化最快的阶段，即位于虚线 L 的左侧。

（2）协作创新群体知识扩散网络结构演化情况的仿真与分析。随着合作创新群体知识交互过程的进行，通过测度合作创新网络的平均路径长和平均集聚系数的演化过程，分析对应的最优网络结构变化，从而反向识别最佳网络拓扑结构来促进知识传播效率和提升协作创新效果，仿真结果如图 4－2 所示。

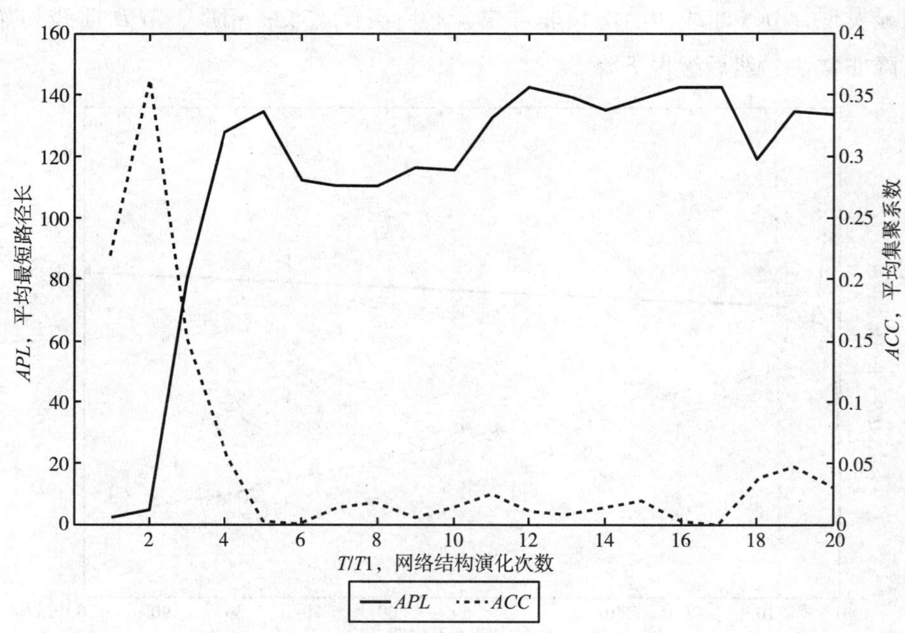

图 4－2　协同创新网络的平均路径长与平均集聚系数演化过程

在图4-2中，横坐标表示网络结构演化的次数，实线表示平均路径长(APL)，虚线表示平均集聚系数(ACC)。特别指出的是，根据图论理论，任意两点之间最短路径长的最大值为$n-1$，而当两个结点之间没有连通时，其最短路径长为无穷大。为了计算方便，将这一无穷大设定为群体规模的10倍，即$10n$。换句话说，如果此时的群体构成一个连通图，则平均路径长最大是$(n-1)/2$；反过来说，当$n=500$时，如果该曲线值超过250，则说明由于部分结点不满足盟员选择条件而导致孤立点的存在，图4-2中的APL曲线表明，该合作创新网络不存在孤立点。

首先，了解一下瓦特等及科万等对平均集聚系数、平均路径长与网络拓扑结构之间关系的描述（Watts & Strogatz，1998；Cowan & Jonard，2007a），如图4-3所示。在图4-3中，随机度p用于描述网络拓扑结构的参数，$0 \leqslant p \leqslant 1$，$p=0$表示完全规则网络，$p=1$表示完全随机网络，$0<p<1$表示混合网络，其中，当$0.01<p<0.1$时被称为小世界区域，而小世界网络的特征就是同时具有较小的平均路径长和较大的集聚系数。

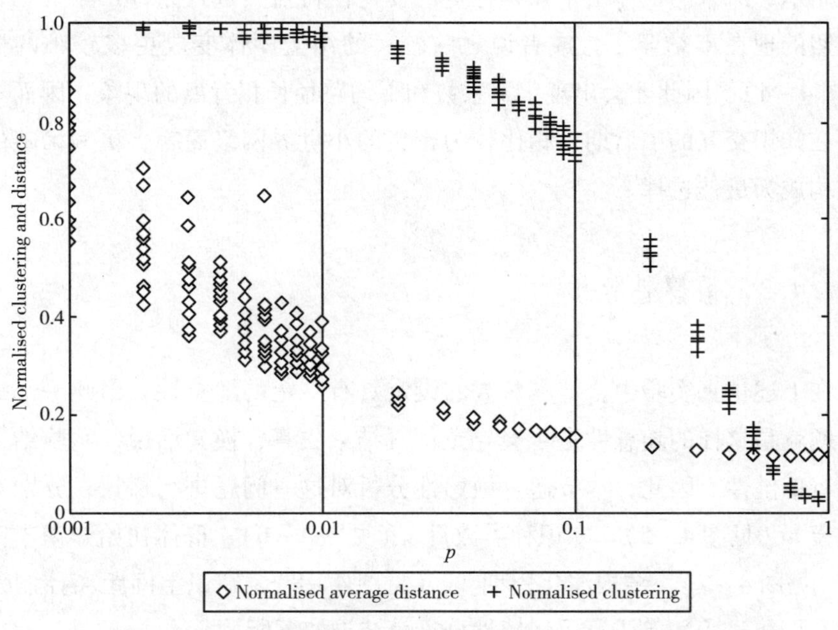

图4-3 平均集聚系数、平均路径长与随机度p之间的关系

其次，从图4－2可以看出，在合作创新初始阶段（即T/T1＝2的左侧），随着组织开始寻找合适的盟员进行知识交互，就形成了一种“物以类聚、人以群分”的现象，组织逐渐形成了一个个紧密的小群体。与之对应的是，平均路径长在缓慢增加，而集聚系数在迅速增加，在T/T1＝2附近达到最优，此时同时具有较小的平均路径长和较大的集聚系数。因此，按照图4－3的解释，此时随机度由大变小，类似于p由1往0.1移动，换句话说，在合作创新联盟初始阶段，小世界网络拓扑结构是最有利于合作创新的，使得知识存量增长最好。特别的，与此结论相印证的是图4－1中，在T＝10时，群体平均知识存量正好达到最大值。这一结果进一步表明，对知识的内在需求驱动了群体朝最优的小世界网络结构演化，而并不是受到社会资本的外部驱动，这也同样印证了相关结论（Baum，Cowan & Jonard，2010；Cowan & Jonard，2009）。

最后，随着知识交互的进行，图4－2中的平均集聚系数急剧下降而平均路径长却急剧上升，这似乎与图4－3的曲线变化规律不一致，其原因在于图4－3中的网络结构形成机制与本书不一样（Cowan & Jonard，2007a）。这一现象暗示，原来的群体由于知识存量的变化使得盟员选择条件产生变动，以前结盟的现在不结盟了，或者说之前较大的结盟团体变成更多较小的群体（见图4－4），因此才会出现集聚系数和平均路径长相背离的现象，因而本书认为在知识交互的中后期，相比较为密集的小世界网络而言，更为稀疏的网络结构成为最佳选择。

4.4.3 敏感性分析

在上述仿真实验中，基本参数的设定具有一定的随意性，因此一个重要的问题就是这样的随意性是否会导致仿真结果失真，换句话说，实验结果是否具有稳健性。因此，本节通过敏感性分析对这一问题进行探讨，分别对群体规模n（见图4－5）、知识种类数目k（见图4－6）、群体初始知识丰富程度q（见图4－7）、结构演化周期T1（见图4－8）、知识空间距离控制系数α，β（见图4－9）等进行了敏感性分析，结果如下所示。

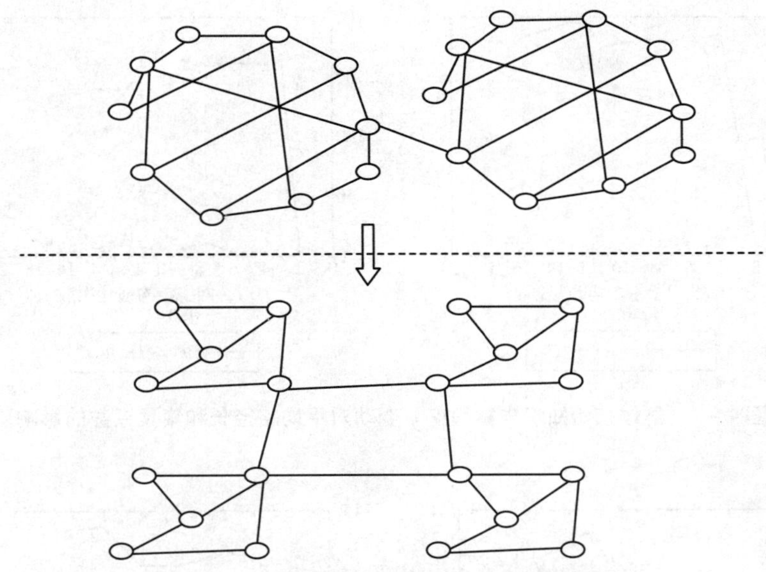

图4－4　集聚系数与平均路径长背离的示例

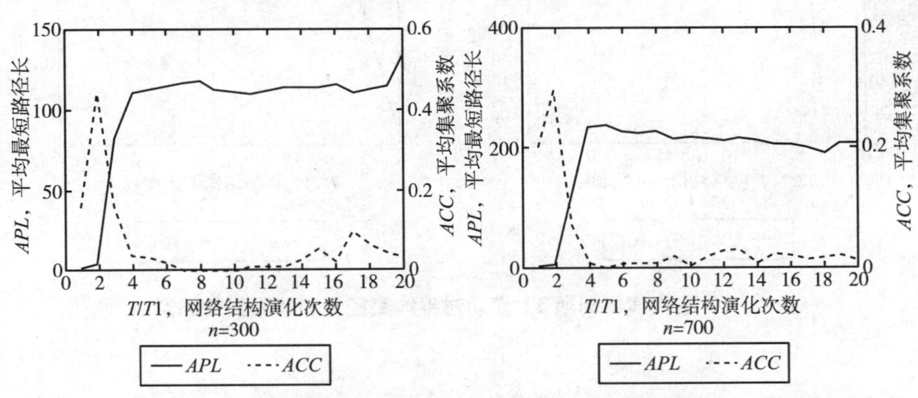

图4－5　群体规模 **n** 的变动对平均路径长和集聚系数的影响

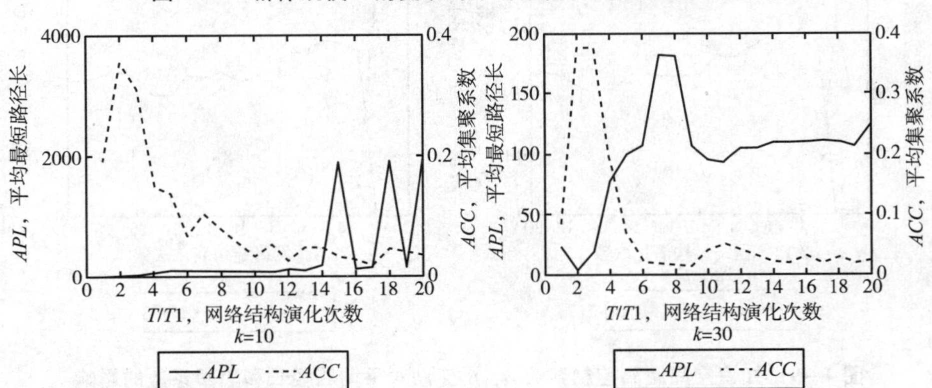

图4－6　知识种类数目 **k** 的变动对平均路径长和集聚系数的影响

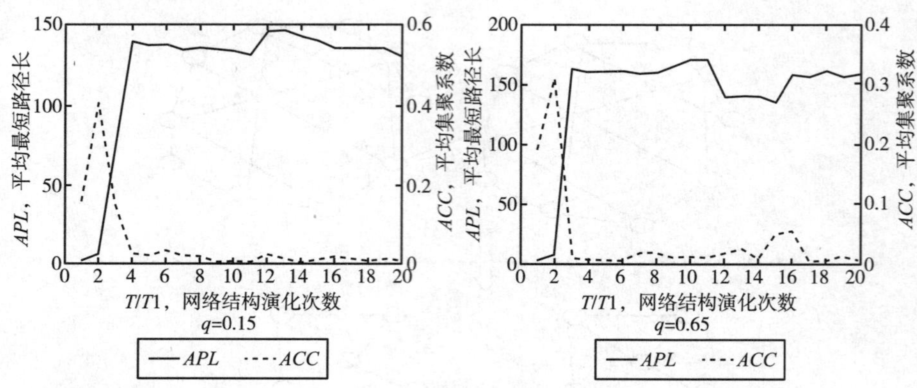

图 4－7　群体初始知识丰富程度 q 变动对平均路径长和集聚系数的影响

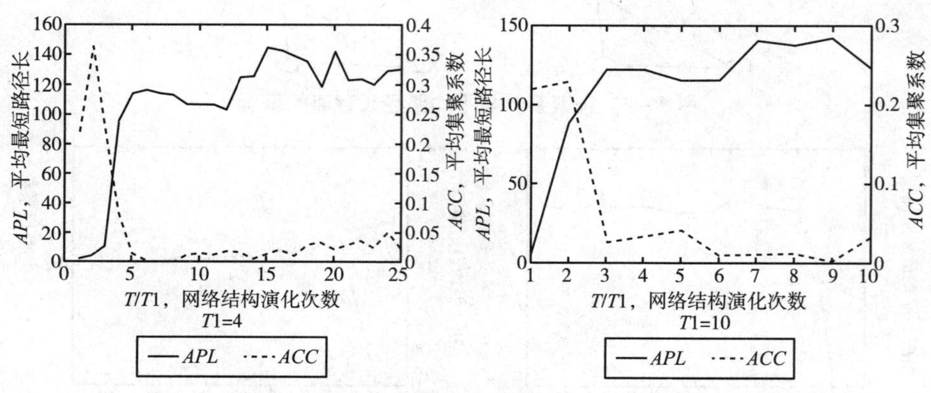

图 4－8　结构演化周期 T1 变动对平均路径长和集聚系数的影响

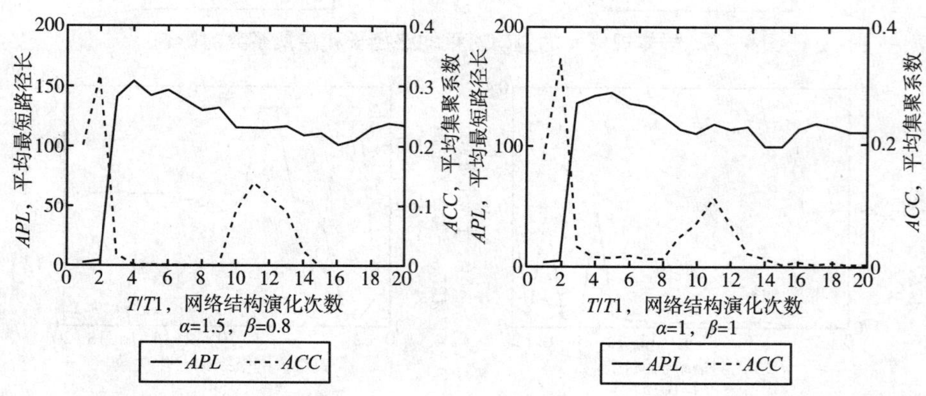

图 4－9　知识空间距离控制系数 α，β 变动对平均路径长和集聚系数的影响

毋庸置疑，从图4－5到图4－9可以看出，参数的变动使得*APL*和*ACC*曲线有所变化，但是从曲线的变化趋势来看，都存在一个初期阶段，即同时有着较短的平均路径长和较大的内聚系数，此时适合小世界网络。在此之后的阶段，基本上维持着较大的平均路径长和较小的内聚系数，此时适合较稀疏的网络。

另外，值得注意的是，图4－6中当知识种类数目$k=10$时，除了初始阶段同时有着较短平均路径长和较大内聚系数外，还存在一些区域同时有着较短平均路径长和较大内聚系数，参考图4－3的曲线关系，此时随机度位于0.1～1之间，则表明此时的稀疏网络从拓扑结构上来说是具有较大随机度的随机网络。探究其原因，可能由于此时知识种类数目少，在小群体内部寻找彼此缺少的知识已经很困难，需要到外部群体寻找异质知识，因此导致内部群体联系减少（即导致系统集聚系数降低），而产生更多到外部的连接（即导致系统平均集聚系数降低），关于这一点的解释亦可参考科万等文献（Cowan & Jonard，2007a）。

综上表明，仿真分析和实验结果具有较强的稳健性，研究结论具有可靠性。

4.5 本章小结

如何构建一个有效的产学研合作网络进而提升其科技创新效率是理论和实践中都一直关注的热点话题。尽管关于什么样的网络结构最优还存在争论，但目前流行的一个观点就是小世界网络同时具有较短的路径长和较高的集聚系数，因而被认为是最佳的，且一些实证研究也表明现实中存在很多小世界网络现象。然而，正如一些学者所质疑的，即使已经从理论上证明，小世界网络具有最优的网络特性，但是在实践中如何构造出这样的小世界网络对于管理者来说是个挑战。例如，根据图4－3，随机度p位于0.01～0.1称为小世界区域，但是这个随机度如何对应现实中的因素呢？

本书认为，在构建产学研合作创新网络上，对于宏观管理者或者组织而言，他们所关心的是每一个参与者应该如何选择最合适的合作伙伴。进一步，当每一个组织都选择好了自己合适的合作伙伴，那么对应的合作创新网络也就形成了。换句话说，构建产学研合作创新网络过程归结为合作伙伴选择的过程。更重要的是，既然每个组织选择的是最合适的合作伙伴，那么此时形成的网络结构就必然是最优的了。由此，通过从网络结构外生性视角到网络结构内生性视角的转变，基于本章制定的盟员选择规则，本书解决了理论上何种结构最优和实践中如何构造这两者之间的矛盾。另外，本书也认为，从生命周期的动态视角来看，在合作创新网络发展演化过程中，其最优结构也不应该固定于某一种，而应该是随着外部条件变化而改变。

基于上述分析，本章提出知识空间距离原则是盟员选择前提，知识互补原则是盟员交互基础、是协作创新结盟的内驱力，易货原则是知识创新增值的具体方式，并据此构建了产学研合作创新知识交互模型。而进一步的仿真实验结果表明，一方面在合作创新网络发展初期，小世界网络确实是最优的。这不仅证实了已有文献中提出的在现实世界中会自发产生小世界现象，而且也证实了组织对于外部知识的需求会内在地驱动其形成小世界网络，而并不一定来自社会资本的外部推动力量。另一方面当产学研合作创新发展到一定阶段，相对于具有较高密集度的小世界网络，其将转变为稀疏性网络，有的时候则具体为具有较高随机度的随机网络，这也验证了我们的动态性推断。

本书研究结论的具体贡献在于：一是从概念上提出知识空间距离原则是合作伙伴选择前提；知识互补原则是交互基础，是产学研主体构建联盟参与合作创新的驱动力；易货原则是知识交互、增值的具体方式。二是对合作伙伴选择的规则前提进行了综合，明确了如何进行合作伙伴选择的路径，细化了网络结构建构的可操作性。三是对知识转移和创新过程进行了综合，提出了新的模式。四是基于内生结构观点，不预先设定参与者交互的网络拓扑，而是根据合作伙伴选择规则来进行结构的演化，并且通过参数设定，考虑了群体结构的短期稳定与长期演化。根据网络结构指标参数的变化曲线反过来推定知识交互过程中网络拓扑结构的变化规律，从而发现在什么样的产学研合作联盟发展阶段适合哪种拓扑结构，进而为制定政策干预措施来提高合作创新效率提供了理论指导。

当然，该研究也存在许多不足，主要有产学研主体间的合作创新过程仍是个“黑箱”，非常复杂，参与者不仅基于彼此间的知识交互共享来进行创新，同时也基于自身知识储备进行创新，然而本章的模型并没有考虑到参与者自有知识的创新增值过程。因此，在未来工作中，有必要对这一模型进一步完善，使其更加贴近现实，并对比分析看其是否对现有结论产生根本性影响。

第 5 章

合作网络结构对创新绩效影响的过程建模与仿真分析

5.1 引言

在一个竞争性的环境中，创新对于任何一个组织的生存和发展来说变得越来越重要，成功的创新可以极大地帮助组织提高绩效（Beers & Zand，2014；Dahlander，O'Mahony & Gann，2016；Dibrell，Craig & Neubaum，2014；Fréchet & Goy，2017；Muller & Peres，2019）。然而实证研究表明，在动荡的市场中，创新创造仍然是一个巨大的挑战（Dahlande et al.，2016；Ernst，2002；Ma et al.，2015；Sirén & Kohtamäki，2016）。那么，管理实践者更好地了解影响创新创造的因素是非常重要的。因此，当前关于创新的研究主要集中在创新创造的各种先决因素上（Beers & Zand，2014；Dahlander，et al.，2016；Ernst，2002；Ettlie & Subramaniam，2004；Muller & Peres，2019）。

创新学者从不同的角度探索创新，以便更好地理解创新的创造过程（Ernst，2002；Muller & Peres，2019），包括基于资源的观点（Kamasak，2015），网络观点（Koka & Prescott，2002；Mazzola，Perrone & Kamuriwo，2015，2016，2018；Uzzi，1996，1997），资源优势观点（Song & Chen，2014），许多学者围绕这些观点进行了深入的探讨（Beers & Zand，2014；Dyer & Song，1998；Ernst，2002；Fréchet & Goy，2017；Muller & Peres，2019；Sirén & Kohtamäki，2016；Song & Chen，2014；Uzzi，1996，1997）。在当前经济社会中，企业都是以不同方式相互联系在一起的，因此，从网络观点来

探索企业创新绩效前因成为当前文献中的研究范式之一，学者们广泛采用这种方法来探讨企业网络连接对其创新的影响（Ahuja，2000；Koka & Prescott，2008；Baum et al.，2010，2014；Cowan & Jonard，2004，2007，2009；Schilling & Phelps，2007；Uzzi，1996，1997）。

全球化的世界市场为商业活动创造了一个动态、复杂且相互关联的环境。各种形式的商业网络（如合资企业、战略联盟和产业集群）正变得越来越重要，有助于企业通过增强对创新、知识、资源和能力的获取来提高其竞争力（Koch & Windsperger，2017）。此外，为了应对日益增长的绩效压力和环境中许多不可预见的挑战，内嵌于网络中的公司已经将视角从竞争对手转移到集群网络中的合作者和价值共同创造者（Lusch，Vargo & Gustafsson，2016），这是一个现代商业活动的共同观点。现有的关于网络与创新的文献表明，网络与创新的研究主要有两大主流（Baum et al.，2010，2014；Uzzi，1997）。一种是从网络结构特征的角度，研究网络密度、结构洞、中心性等特征（Uzzi，1996，1997）。另一种是从企业间结构的网络拓扑形态的角度，如随机网络、小世界网络、规则网络和无标度网络等来进行研究（Baum et al.，2010，2014；Cowan & Jonard，2009；Ma & Tang，2018）。

在第一类研究中，社会网络学者研究了组织关系网络如何影响其发展创新的能力，例如，专利（Ahuja，2000；Koka & Prescott，2002；Schilling & Phelps，2007；Phelps，2010）、增强型产品/服务（Pèrez Luño et al.，2011）、新产品（Soh，2003）和新产品开发（Mazzola et al.，2015，2016a，2016b）。例如，公司的直接和间接中心性与专利多产性正相关，而结构漏洞似乎对同一业绩有负面影响（Ahuja，2000）。在间接联系网络中的中心位置可以帮助企业提高创新绩效（Salman & Saives，2005）。企业也可以通过改变其本地企业间联盟网络的冗余度和密度来提高创新绩效（Vanhaverbeke et al.，2009）。然而，对网络结构与创新之间关系的理解，即第二种视角，还不够清楚（Cowan & Jonard，2004，2007，2009）。因此，本书旨在采用第二种观点，以解决更广泛地了解网络化企业如何通过创建适当的网络结构和有利于知识交流的规则来创造创新的需要，以及努力实现可持续的绩效。更具体地说，就是采用模拟的方法来探索什么类型的网络结构和什么样的知识交换规则有助于创新创造的知识交换（Koch & Windsperger，2017；Ma & Tang，2018）。通过对知识交换过程的模拟研究，本书研究的结果将有助于更好地理解企业间网络结构对创新的影响，从而为行业实践者有效管理创新创造过程提供有见地的建议知识传播。

5.2　产学研合作网络与科技创新关系的概念框架模型

产学研组织间网络是一组相互连接的公司、高校、科研院所，通过彼此之间的连接（也称为网络节点）共享信息和资源，在许多组织中，它被视为价值创造的主要来源（Aarikka，Stenroos & Rittala，2017；Cowan & Jonard，2009；Forkmann，Henneberg & Mitrega，2018；Pagani & Pardo，2017）。组织间网络中创造价值和创新网络能力的发展可以提高组织绩效（Kohtamäki，Partanen，Parida & Wincent，2013；Ma & Tang，2018）。网络结构是网络的关键特征之一，在网络成员之间的知识扩散中起着关键作用（Collins & Smith，2006；Dyer & Singh，1998；Granoverter，1985；Hansen，1999）。研究表明，适当的网络结构可以促进企业间网络内部的沟通和互信，从而进一步促进网络企业之间的协作和协调，进而促进网络成员之间的知识传播，特别是无形和隐性知识的传播（Collins & Smith，2006；Dyer & Singh，1998；Hansen，1999；Mcfadyen & Cannella，2004；Moran，2005；Uzzi，1996，1997）。例如，密集的网络可以增加形成紧密联系的可能性，这不仅有利于隐性知识的转移和扩散，而且对创新绩效产生积极影响（Capaldo，2007；Koka & Prescott，2008）。企业的知识积累也在很大程度上取决于其与其他企业的社交网络联系的密度（Henning & Saggau，2013）。

然而，一个紧密的网络也可能限制新想法的传播与流动，这可能导致信息惯性（Kianto & Waajakoshi，2010）。冗余连接会阻碍信息获取和知识传播（Molina-Morales & Martinez-Fernɑ́ndez，2010）。研究表明，组织创新与网络连接强度之间可能存在倒U形关系，因此网络密度不能太高（Cowan & Jonard，2009；Mors，2010；Rost，2011）。换句话说，组织间网络中知识传播的效率取决于网络中非冗余链接的数量或结构洞（Burt，2004）。结构洞为网络成员提供了与其他成员连接的机会，占据战略位置有助于获取更多异质性的知识。但这种网络结构在协作和快速移动资源方面也存在缺陷（Burt，2004；Koka

& Prescott，2008）。结构洞的主要缺点是难以理解和整合从其他网络成员获得的各种信息和知识，不可避免地会阻碍隐性知识的传播（Nonaka，1994）。此外，没有强连接的弱网络结构（即中心—外围结构中的结构洞）在创新创造方面非常缓慢（Rost，2011；Mors，2010）。鲍姆等认为，应该从权变的视角（即根据环境条件变化情况）来测度结构洞和冗余是否有利于组织绩效（Baum et al.，2010）。例如，对于处于动荡环境中的公司来说，稀疏的网络结构可能更好；而对于处于稳定环境中的公司来说，密集的网络结构可能更好。简而言之，网络密度可以缩短网络成员之间的沟通路径，而结构洞可以扩大企业从外部资源获取知识的渠道；密集型网络强调利用给定的机会，而稀疏型网络则强调创造新的机会。但是，有没有一个最优的知识扩散结构来促进创新创造的过程呢？研究网络密度和结构洞的学者认为，有效的网络结构应该综合这两个特征，以实现最佳的信息和知识扩散（Ma & Tang，2018；Reagans & McEvilly，2003），特别是在动态和复杂的环境中（Capaldo，2007；Molina-Morales & Martinez-Fernάndez，2010）。

根据网络理论，企业间网络可以分为随机网络、小世界网络、规则网络、无标度网络和复杂网络，它们的结构各不相同（Cowan & Jonard，2009；Lovejoy & Sinha，2010）。关于什么样的网络结构有助于知识的有效传播，以及网络结构如何促进知识的快速传播和集体创新，目前仍存在争论（Capaldo，2007；Crown & Jonard，2009；Mueller，Bogner，Buchmann & Kudic，2017）。例如，知识积累的速度可能随着网络随机性的变化而变化，即在规则网络中传输速度慢得多，在小世界网络中传输速度快得多（Cowan & Jonard，2007；Delre，Jager & Janssen，2007）。小世界网络由于其高内聚性和较短的平均路径长度，使得知识扩散更加全面，因此被广泛认为是知识扩散的最优结构（Cowan & Jonard，2004，2007）。

然而，小世界网络并不总是有效的（Ma & Tang，2018；Morone & Taylor，2004）。当网络成员之间存在较大的知识差异时，小世界网络并不是一个最优的知识扩散结构，它只能达到适度的性能水平：个体网络成员之间的差异越大，小世界网络越有可能扩大网络成员获得知识之间的差距（Morone & Taylor，2004），因为小世界网络是最优的论点，是基于在知识扩散过程中应使用知识贸易的易货规则的条件，即只有当双方在合作网络中都有对方想要的东西时，知识交易（扩散）才会发生；当一方或双方耗尽对方所需的资源时，知识扩散才会停止。此外，小世界网络结构可能不会使每个网络成员都受益：一些网络成员在定位组织中的知识时可能有更长的搜索路径，他们的世界可能是大的，而不是小的（Singh，Hansen & Podolny，2010）。事实上，创新理念在具有“完全图”的网络结构中能更好地传播与交流，它最大限度地增加了并行通信的数量，并鼓励网络成员通过大量的对话伙伴来进行动态地交流（Lovejoy & Sinha，2010）。

目前，网络结构和知识交换研究的一个相关问题是，大多数知识交换研究都是在知识贸易中使用易货贸易规则，即只有当双方都能从知识交换中受益时，才发生知识交换，即知识的易货贸易。否则，就不会发生知识交流。这一假设并不总是很适合新出现的产学研合作网络结构，例如，战略合作伙伴联盟或工业园区的集群企业间网络（Ma & Tang，2018）。在这样一个网络中，知识传播可能不是来自交换伙伴的回报，而是有助于合作伙伴成长或只是为了促进合作伙伴关系（Bell，1991），因此知识交换并不总是一种易货贸易，而也有可能是一种单方面的礼物赠送——礼物知识贸易。此外，在日益流行的工业园区和战略合作伙伴关系（Lai et al.，2016；Wright、Liu、Buck & Filattchev，2008）的网络发展初期，一些网络合作伙伴可能没有独特的知识可以提供给知识提供者。因此，易货贸易规则并不总是符合产学研战略伙伴关系或工业园区的目的。相反，混合规则，包括易货贸易规则和礼物贸易规则，可能更有利网络成员之间的创新。

此外，创新的创造过程不同于简单的知识交换过程，创新的创造需要积累的知识达到一定的水平，才能产生创新，但只要一个网络成员拥有另一个网络成员所需要的，就可以进行知识交换。简单地说，只有当一个组织的知识积累到所需的、足够的水平时，创新才能产生；而当一个成员在组织间网络中拥有另一个成员所需的知识时，知识交换就会发生。过去对知识扩散的研究并未区分这两个不同的过程：创新创造与知识扩散，有学者认为小世界网络是知识扩散的最优网络结构的观点并不适用于网络结构与创新创造之间的关系（Baum et al.，2014；Cowan & Jonard，2004，2007，2009）。因此，什么样的网络结构才是创新创造的最佳选择，而不仅仅是简单的知识扩散，这个问题仍然不清楚，网络结构在创新过程中的重要性值得进一步研究。

5.3 产学研合作网络结构的建模

在本章研究中，创新被认为是一种新的想法，一种创造性的想法，或新的变化/设计，以满足现有或潜在的需求。创新是有效知识扩散的结果（Baum et al.，2010，2014），而网络结构对产学研合作网络内的知识扩散有重要影响，但什么样的网络结构对创新的创造更为有效，往往取决于知识交换的特征（Cowan & Jonard，2007，2009）。例如，在不创造新知识的知识扩散过程中，随机网络可能更好，而在创造新知识的知识扩散过程中，规则网络可能更好，而对于长期的知识积累，小世界网络可能是最好的（Cowan & Jonard，2004）。如果知识稀缺，则结构洞网络更好；相反，如果知识丰富，则高密度网络更好（Cowan & Jonard，2007）。同时，星型节点作为网络中知识分布的重要信息中心，使得高度不对称的网络更有利于知识的快速扩散，如果星型节点退出网络，将导致网络分布的严重破坏，因此，当有越来越多的节点退出时，扁平的网络结构将受到青睐（Cowan & Jonard，2009）。此外，尼夫斯等认为，在寻找最合适的网络结构时，也应考虑知识搜索策略（Nieves & Osorio，2013）。企业间网络结构对创新创造的影响还有待进一步的研究，在接下来的章节中设计了一个模拟研究来探讨这一重要问题。

5.3.1 基本假设

假设一个参与者数目为 n，$N=\{1,2,\cdots,n\}$ 的产学研合作网络。每个参与者被看作是网络上的一个节点，而参与者之间的关系被看作是网络上的一条边。在本书研究中，假设只有两个直接相连的节点（参与者）才能进行知识的交互与转移。

5.3.2 科技创新产出的过程建模

从基于知识资源观的视角来看，一般认为，组织拥有的知识越多，开发新知识或创新的潜在能力就越强，换句话说，就是科技创新绩效越高

(Baum, Cowan & Jonard, 2010, 2014)。科万和约纳德也认为，从生产商品的角度来看，越多的知识越好（Cowan & Jonard, 2009)。科技创新的过程需要各种知识的结合，然而正如本书前面一直强调的，单个组织很难甚至不可能拥有科技创新所需的各种知识。因此，产学研各参与主体需要进行知识交换以获得所需的知识类型。此外，科技创新的过程也不仅是通过知识交换获得的简单知识的积累，而且是一个提升的过程，或者是一个量变导致质变的过渡过程。也就是说，个体需要收集足够数量的知识和足够的异质性知识（即不同的知识类别）来进行二次创造，实现科技创新，而不是像以前的研究那样简单地增加知识累积数量。

基于以上考虑，在以往研究的基础上（Baum et al., 2014；Cowan & Jonard, 2007, 2009；Ma & Tang, 2018)，设计增加了新的参数，从而构建了下列模型：

第一，假设产学研合作的参与者数量为 n, $N = \{1,2,\cdots,n\}$ ；未来科技创新的成果（如专利、新产品等）可能的类别数量为 r, $R = \{1,2,\cdots,r\}$，这实际上表明产学研合作未来可能会产生的创新潜力；而科技创新产品所需要的不同知识组合的类别是 k , $K = \{1,2,\cdots,k\}$，这实际上反映了科技创新的难易程度。

第二，令 $\Phi_i(t) = [\varphi_i^1(t), \phi_i^2(t), \cdots \varphi_i^r(t)]$，表示对于 t 时刻的参与者 i 来说，它所展现的科技创新成果的状态。进一步，有 $\varphi_i^{r_1}(t) = 1$, $r_1 \in R$，表示参与者 i 在 t 时刻拥有第 r_1 类科技创新成果；否则，就有 $\varphi_i^{r_1}(t) = 0$，表示参与者 i 在 t 时刻并不拥有第 r_1 类科技创新成果。因此，对于参与者 i 而言，t 时刻它的科技创新成果拥有总量为：

$$NNI_i(t) = \sum_{r_1=1}^{r} \varphi_i^{r_1}(t) \quad (5-1)$$

第三，假设产生某一种科技创新成果为 g，$g \in R$，令 ${}_g\kappa_i(t) = [{}_g\kappa_i^1(t), {}_g\kappa_i^2(t), \cdots {}_g\kappa_i^k(t)]$，它表示在 t 时刻产学研合作的参与者 i 对于创造出科技创新产品 g 而言所需各类知识的拥有状况。也即如果 ${}_g\kappa_i^{k_1}(t) = 1$, $k_1 \in K$ 代表参与者 i 在 t 时刻拥有科技创新产品 g 所需的第 k_1 类知识；否则 ${}_g\kappa_i^{k_1}(t) = 0$ 代表在 t 时刻参与者 i 不具备创造科技创新产品 g 所需的第 k_1 类知识。另外，采用 T, $\Gamma = \{1,2,\cdots,T\}$ 来表示参与者之间知识交互的周期，$t \in \Gamma$。因此，对于参与者 i 来说，其科技创新产品 g 所对应的知识存量计算如式（5-2）所示：

$$S_i^g(t) = \sum_{k_1=1}^{k} {}_g\kappa_i^{k_1}(t) \tag{5-2}$$

且有：

$$\varphi_i^g(t) = \begin{cases} 1, if\, S_i^g(t) = k \\ 0, if\, S_i^g(t) < k \end{cases} \tag{5-3}$$

5.3.3 确定知识交互规则

为了模拟创新创造的知识转移过程，还需要定义知识交互规则。首先，如基本假设所述，只有当参与者 i 和参与者 j 直接相连，即没有间接的知识交换时，才可能发生知识交易（交换和转移）。其次，本书使用两种常用的知识交易规则，即易货规则和混合规则，其中易货规则要求个体网络成员将其一部分知识转移到另一个网络成员，并以不同的知识返回，并且两个成员都认为知识交易是互利的（Cowan & Jonard，2004），而混合规则要求两个网络成员进行双边或单边知识贸易。也就是说，如果 A 拥有 B 不拥有的知识，B 也拥有 A 不拥有的知识，那么知识贸易作为一种双边盈利贸易（即易货规则）发生；如果 A 拥有 B 不拥有的知识，但 B 并没有 A 所需要的知识，那么知识贸易仍然作为一种单边盈利贸易（即礼物规则）发生。混合规则是易货规则和礼物规则的结合（Ma & Tang，2018）。

易货规则如下：

如果 $\exists g_1, g_2 \in R, k_1, k_2 \in K$，且有 $k_1 \neq k_2$，使得 ${}_{g_1}\kappa_i^{k_1}(t) = 1$，${}_{g_1}\kappa_j^{k_1}(t) = 0$ 且有 ${}_{g_2}\kappa_i^{k_2}(t) = 0$，${}_{g_2}\kappa_j^{k_2}(t) = 1$，那么在进行知识交互后，可以得到式（5－4）。

$${}_{g_2}\kappa_i^{k_2}(t+1) = 1, {}_{g_1}\kappa_j^{k_1}(t+1) = 1 \tag{5-4}$$

混合交互规则如下：

如果 $\exists g_1, g_2 \in R$, $k_1, k_2 \in K$ 且有 $k_1 \neq k_2$，使得 ${}_{g_1}\kappa_i^{k_1}(t) = 1, {}_{g_1}\kappa_j^{k_1}(t) = 0$ 且 ${}_{g_2}\kappa_i^{k_2}(t) = 0, {}_{g_2}\kappa_j^{k_2}(t) = 1$，那么在进行知识交互后，可以得到式（5－5）。

$${}_{g_2}\kappa_i^{k_2}(t+1) = 1, {}_{g_1}\kappa_j^{k_1}(t+1) = 1 \tag{5-5}$$

或者，如果 $\forall g_1 \in R,\ k_1 \in K$，使得 ${}_{g_1}\kappa_i^{k_1}(t) = 1, {}_{g_1}\kappa_j^{k_1}(t) = 0$，那么在知识交互后，可以得到式（5－6）。

$$
{}_{g_1}\kappa_j^{k_1}(t+1) = 1 \tag{5-6}
$$

在本章中，式（5－5）就是一个易货规则，而式（5－6）就是一个礼物规则，混合规则实际上就是式（5－5）和式（5－6）的一个结合。

5.3.4 构建不同的网络结构

和本书第4章构建网络结构的方式类似，利用断链重连算法来构造不同的网络结构。首先，从一个完全的规则图开始，在一个有 n 个节点的圆环，每个节点只有一些连接到其最近的 m 个邻居的连接（这里 m 是节点度的大小，它是偶数）。其次，按顺序操作每个节点的连接。从节点1开始，它将按照顺时针与其最近的邻居相连。以概率 p，切断它与邻居的连接，然后在整个图上其他的点中随机选择一个与之相连。那么每个连接则有 $1-p$ 的概率大小保持不变。沿着圆环顺时针前进，要考虑到每个节点的连接不能遗漏，同时也要避免重复连接。最后，完成一轮后，算法重复该过程，并从第二个最近的顺时针邻居开始下一轮过程。只需重复这个过程，然后逐步考虑更遥远的邻居，那么就会形成一个从完全规则的网络（即 $p=0$）到一个混合型的网络（即 $0<p<1$）（包含了小世界网络），再到一个完全随机的网络（即 $p=1$）。

5.3.5 识别有效的网络结构

如果某种网络结构能使得产学研合作网络的科技创新绩效达到更高的水平，那么就认为该网络结构相较其他结构而言是更有效的。因此，采用创新成果数量［即 $NNI(t)$］来测度产学研合作网络中的知识共享效率，进而来解释产学研合作网络结构对科技创新绩效的影响。该公式为：

$$
NNI(t) = \sum_{i=1}^{n} NNI_i(t) \tag{5-7}
$$

5.4　仿真模拟与结果分析

5.4.1　参数设定

为了计算式（5-7）中的科技创新绩效，将模拟中使用的参数设置如下：假设参与产学研合作科技创新的参与者网络规模为 $n=500$，并且每个参与者在开始时拥有 $m=4$ 个连接（初始节点度）。知识交互的周期（次数）设置为 $T=200$。每一项科技创新成果都需要 $k=50$ 种可能的不同类型知识的组合。在当前产学研合作创新网络中潜在的科技创新成果的最大数量（NNI）设置为 $r=20$。最初，每个参与者拥有某一种类型的知识，其独立分布概率为 $q=0.15$（q 越大，参与者拥有的初始知识就越多）。为了验证仿真结果，还进行了不同知识集 $k=$（2，20，100）的敏感性实验。结果显示，科技创新成果所需知识的类别数量并不影响网络演化的趋势，但它确实会影响特定的数值大小和达到稳定状态的时间成本，因此我们通过设置 $k=$（2，20，100）进行验证。通过在0和1之间分别赋予断链重连概率 p 不同的值，即 $p=$（0，0.1，0.2，0.5，1），来检验网络结构的演化，这些值代表了完全规则网络（$p=0$）、包含小世界网络（$0<p<1$）的混合网络到完全随机网络（$p=1$）的不用网络结构。这一仿真过程不断重复，直到参与者之间的知识交互终止或者输出结果达到稳定状态。所有的仿真实验都是基于 Matlab R2017a 平台进行的。

5.4.2　创新产出与最优网络结构

在本节中，目标是根据科技创新成果累积的数量来找到最优的网络结构。设 p 分别等于0、0.1、0.2、0.5和1，表示从规则网络、混合网络到完全随机网络的不同结构形式。设定 $n=500$ 个参与者，每个参与者最多可以产生 $r=20$ 种不同的科技创新成果，因此，新成果（NNI）的可能总数为 $500\times20=10000$（种）。利用这些参数，首先确定在相同的知识交易规则（即易货规则和混合规则）下，哪种网络结构对产学研合作网络的科技创新最有效，即创新成果的累积数量最多。结果如图5-1和图5-2所示。

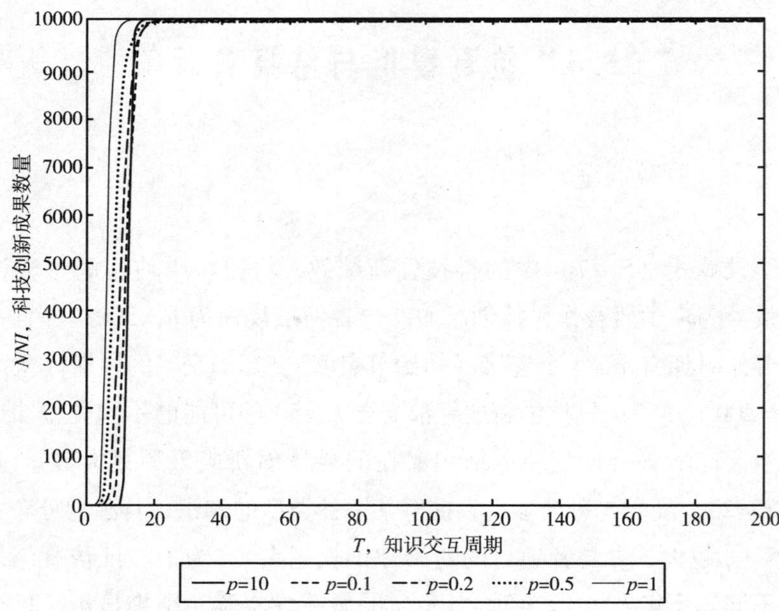

图 5-1　混合规则下基于不同随机度 *p* 的科技创新成果数量累积

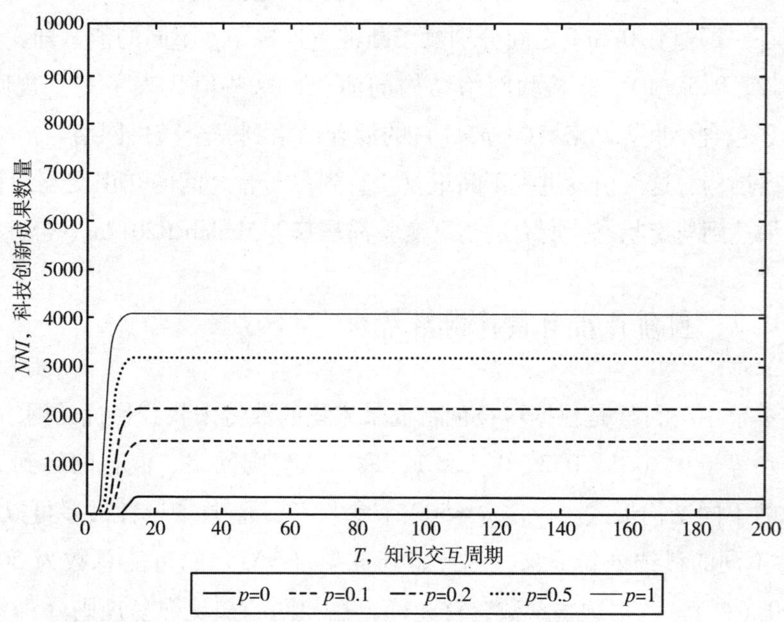

图 5-2　易货规则下基于不同随机度 *p* 的科技创新成果数量累积

图5－1表明，在混合规则下，完全随机网络（$p=1$）无论是在产生的科技创新成果数量还是在知识积累速度上都是最好的。类似的，图5－2还显示，当知识交易规则改变为易货规则时，无论是从产生的科技创新数量还是知识积累的速度来看，完全随机网络仍然是最好的。换言之，在混合规则和知识贸易的易货规则下，完全随机网络都是科技创新成果产出的最佳选择，这与过去常常提出的小世界网络是知识扩散的最佳结构的论点截然不同。详细讨论将在以下章节中介绍。

其次确定哪一种知识交易规则在促进产学研合作创新方面更有效。结果如图5－3～图5－7所示。

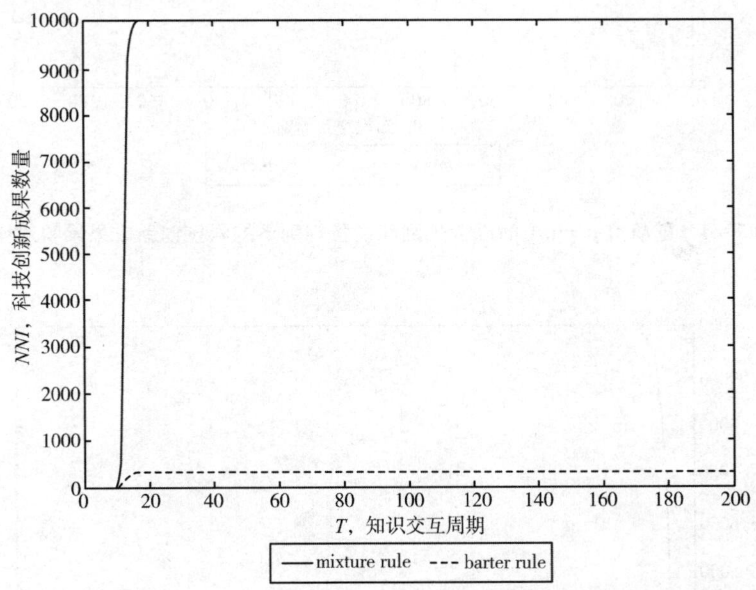

图5－3　随机度 $p=0$ 时混合规则和易货规则下的科技创新成果累积对比

图5－3～图5－7的结果表明，在给定的网络结构下，无论是完全规则网络（$p=0$）、小世界网络（$p=0.1$，0.2）还是完全随机网络（$p=1$），产学研主体间的合作网络中的知识交互结果都是：混合规则下的创新数量和知识积累速度总是优于易货规则下的创新数量和知识积累速度。如何解释这样的结论呢？其实这很容易理解，因为混合规则具有较少的约束条件，其中，只要一方拥有另一方想要的东西，就可以进行知识交易，无论是双边受益（易货规则）还是单边受益（礼物规则）。因此，产学研各合作主体之间更有可能获得不同类型的知识，用于自己的科技创新，而且速度更快。

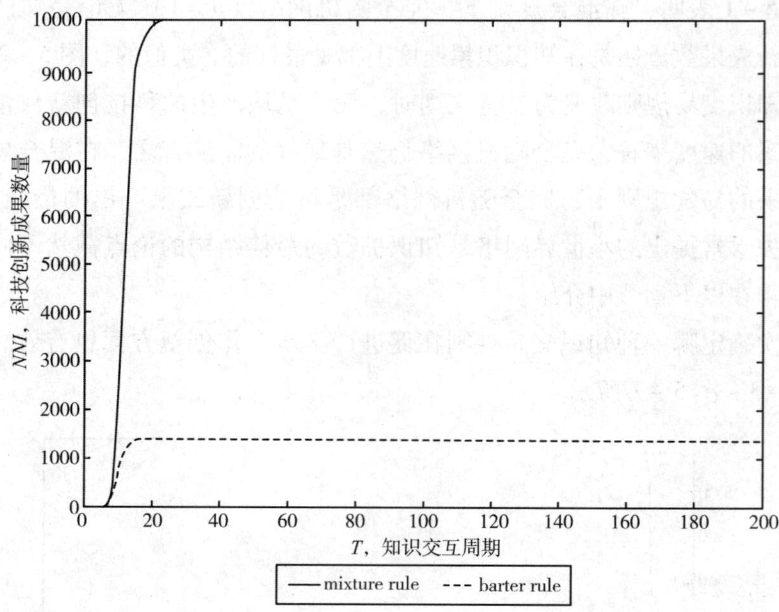

图 5－4 随机度 $p=0.1$ 时混合规则和易货规则下的科技创新成果累积对比

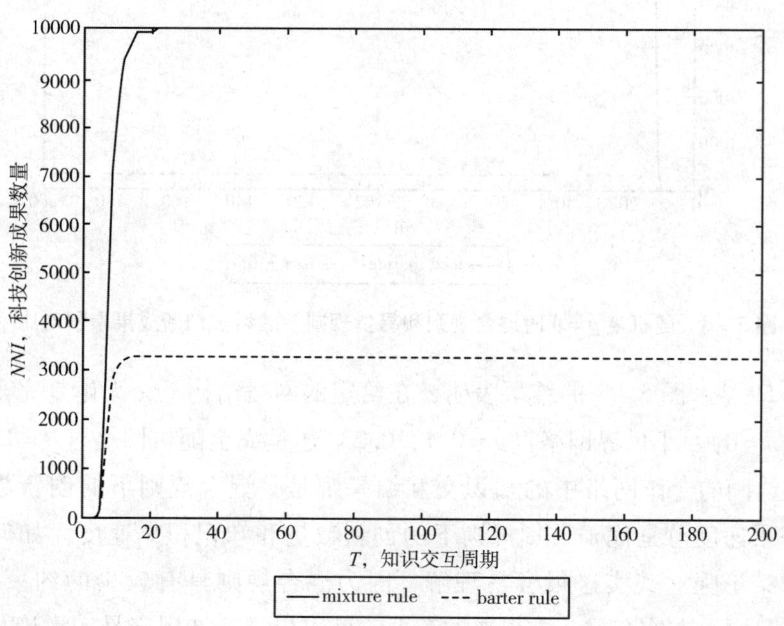

图 5－5 随机度 $p=0.2$ 时混合规则和易货规则下的科技创新成果累积对比

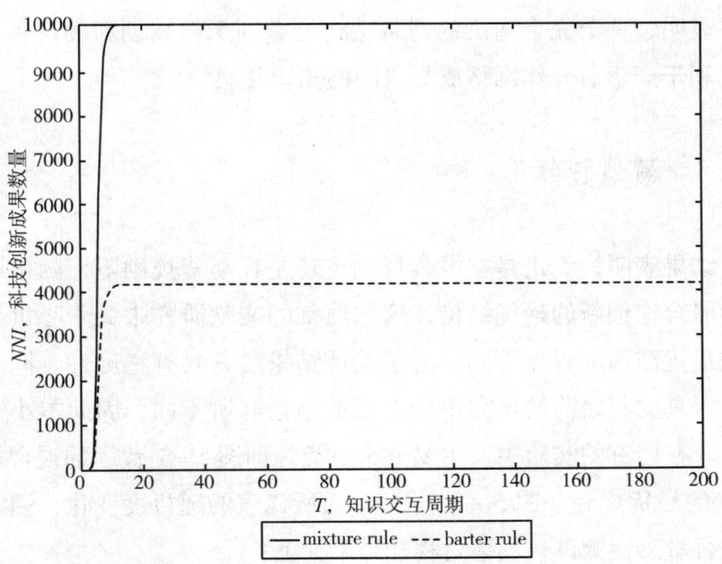

图 5-6 随机度 $p=0.5$ 时混合规则和易货规则下的科技创新成果累积对比

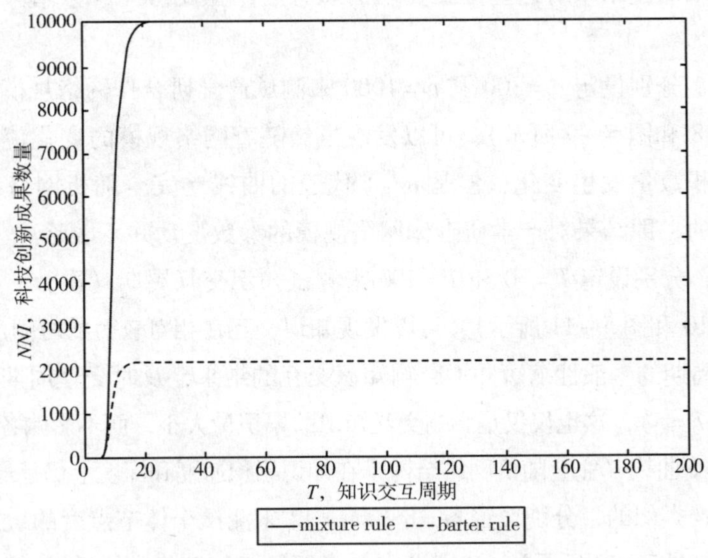

图 5-7 随机度 $p=1$ 时混合规则和易货规则下的科技创新成果累积对比

图 5-3 ~ 图 5-7 的结果还表明，产学研合作网络中产生的科技创新成果数量和知识积累速度实际上是随着 p 的增加而增加的，p 是从完全规则网络向完全随机网络转变的指标，这为图 5-1 得出的结论提供了间接支持，即一个完全随机网络能更有效地提升产学研合作网络中的科技创新绩效。总的来说，

结果似乎表明，一个完全随机的网络结构更有利于科技创新的产生，而混合规则更有利于产学研合作网络成员之间的知识交换。

5.4.3 敏感性分析

研究结果表明，无论是在混合规则下还是在易货规则下，随机网络结构都是产学研合作创新的最优结构，这与通常的文献研究中关于小世界网络是知识扩散最优结构的观点不同。为了验证结果是否具有稳健性，同时也是探索结果是否真的与之前的研究中所发现的结论有所不同，因此本小节进行敏感性分析。在已有的实验中，主要分为三类，即图 5－1 代表的混合规则，图 5－2 代表的易货规则，图 5－3～图 5－6 所代表的随机度变化，因此分别对这三组进行敏感性测试，具体过程和结果如下：

（1）图 5－1 结果的敏感性分析。对图 5－1 中仿真模拟使用的参数采用不同的值来测度结果对这些参数变动的敏感度，主要考虑参数增大和减小的不同影响。

第一，分别设定 $n=300$ 和 $n=1000$ 来测试产学研合作网络规模的敏感度（如图 5－8 和图 5－9 所示），可以发现虽然随着网络规模的变化使得科技创新成果累积数量发生变化，但是 $p=1$ 代表的曲线（完全随机网络结构）仍然是最好的，即结果对产学研合作网络规模的参数变动并不敏感。

第二，分别设定 $T=50$ 和 $T=100$ 来测试知识交互周期（次数）的敏感度（如图 5－10 和图 5－11 所示），可以发现知识交互在相对较短的时间已经完成，因此交互周期的一般性缩短并不影响知识交互的结果，及时交互周期变得非常短（例如 $T=5$），这也仅仅是影响交互知识的累积量大小，而不影响各曲线的形态，即 $p=1$ 曲线（完全随机网络结构）在知识累积速度和深度上仍是最优的。

第三，类似的，分别设定 $m=8$ 和 $m=12$ 来测试个体节点度的敏感度（如图 5－12 和图 5－13 所示）；分别设定 $k=20$ 和 $k=100$ 来测试科技创新成果所需知识的不同类别数量的敏感度（如图 5－14 和图 5－15 所示）；分别设定 $r=10$ 和 $r=50$ 来测试潜在最大可能科技创新成果数量的敏感度（如图 5－16 和图 5－17 所示）；分别设定 $q=0.45$ 和 $q=0.75$ 来测试参与者最初拥有所需知识量的敏感度（如图 5－18 和图 5－19 所示）。这些结果同样表明，参数的调整变动只是影响创新成果累积数量以及达到最优结果的速度，但并不影响各曲线的形态以及它们的相对位置，即 $p=1$ 曲线（完全随机网络机构）仍是最优的。

上述敏感性分析结果表明，尽管在图5－1的仿真实验中看似武断地选择了一些参数，但是其结论是稳健可靠的。

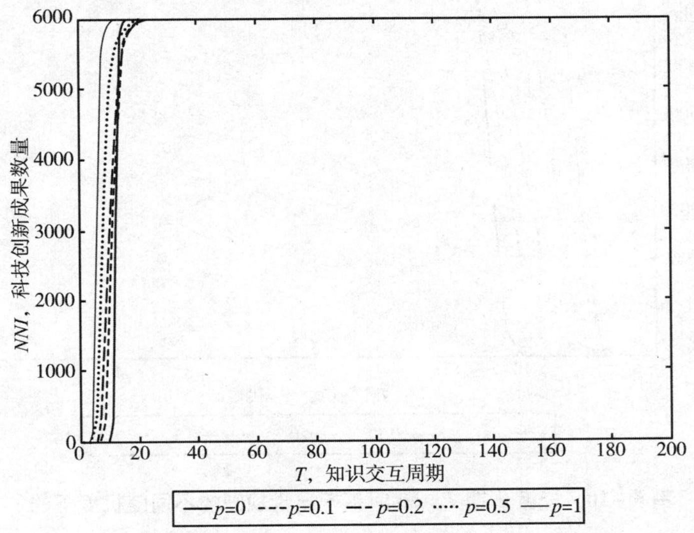

图5－8　网络规模 $n=300$ 时基于混合规则的不同随机度下的科技创新成果累积对比

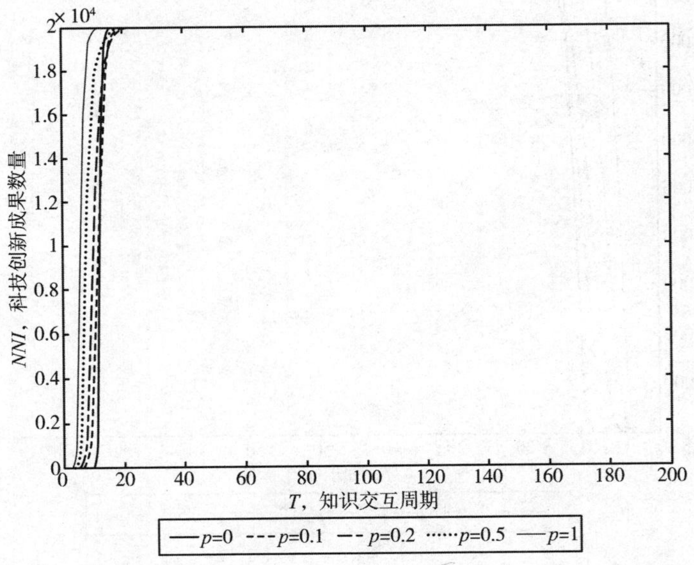

图5－9　网络规模 $n=1000$ 时基于混合规则的不同随机度下的科技创新成果累积对比

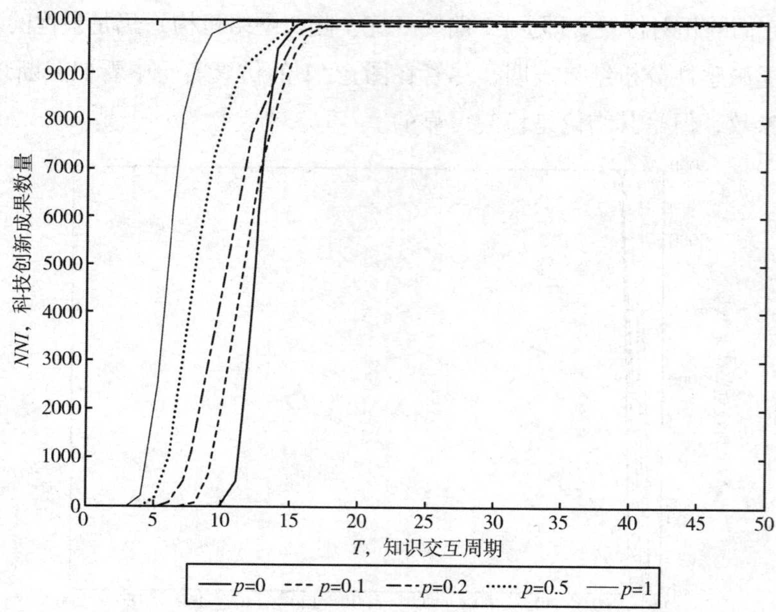

图 5-10　交互周期 T=50 时基于混合规则的不同随机度下的科技创新成果累积对比

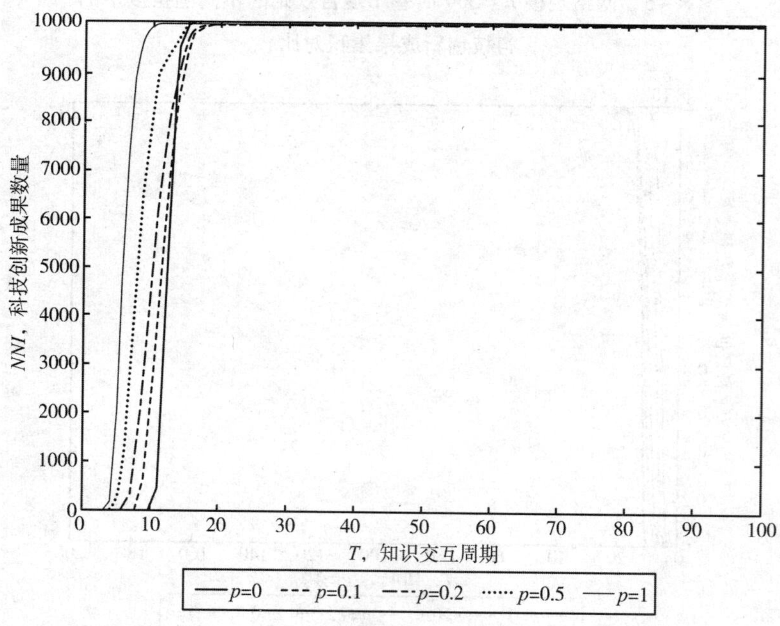

图 5-11　交互周期 T=100 时基于混合规则的不同随机度下的科技创新成果累积对比

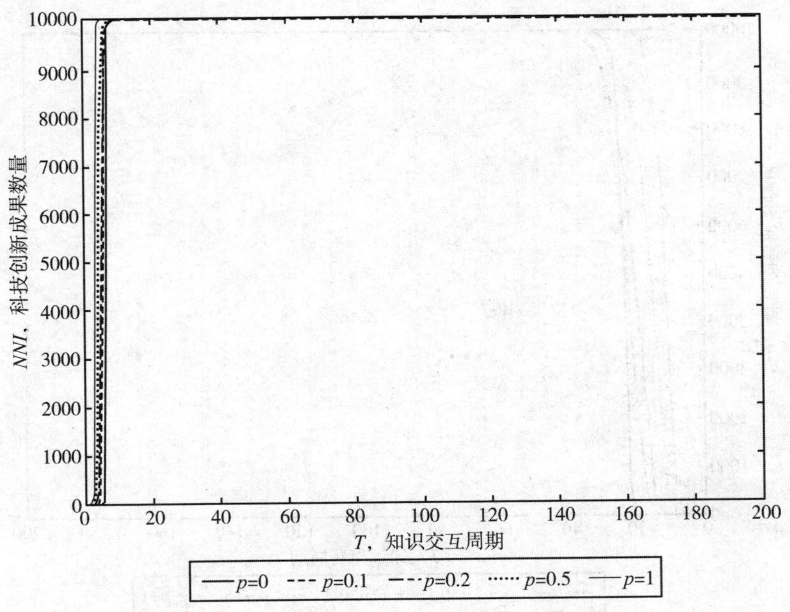

图 5-12　节点度 $m=8$ 时基于混合规则的不同随机度下的科技创新成果累积对比

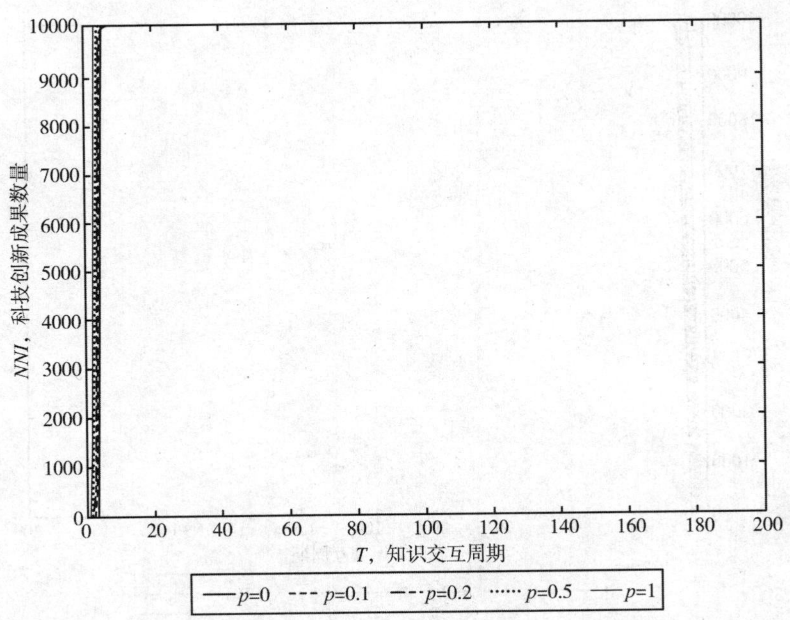

图 5-13　节点度 $m=12$ 时基于混合规则的不同随机度下的科技创新成果累积对比

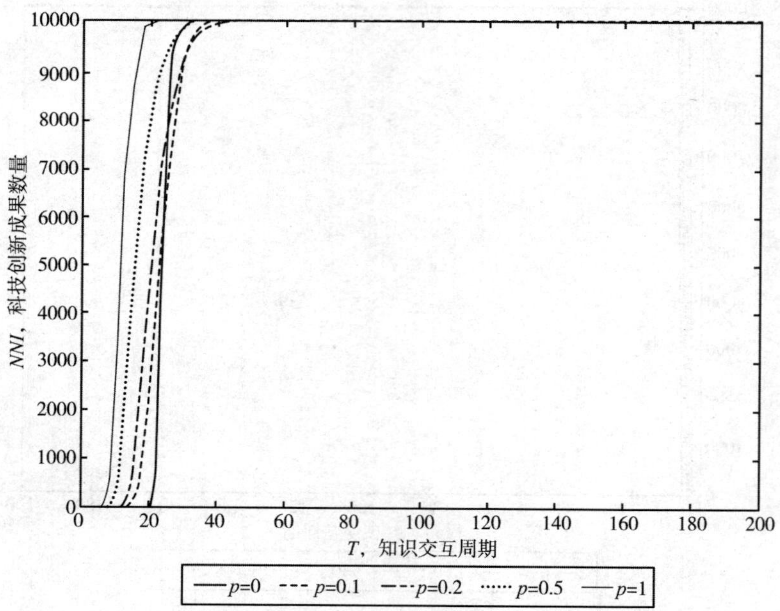

图 5－14　知识种类 $k=20$ 时基于混合规则的不同随机度下的科技创新成果累积对比

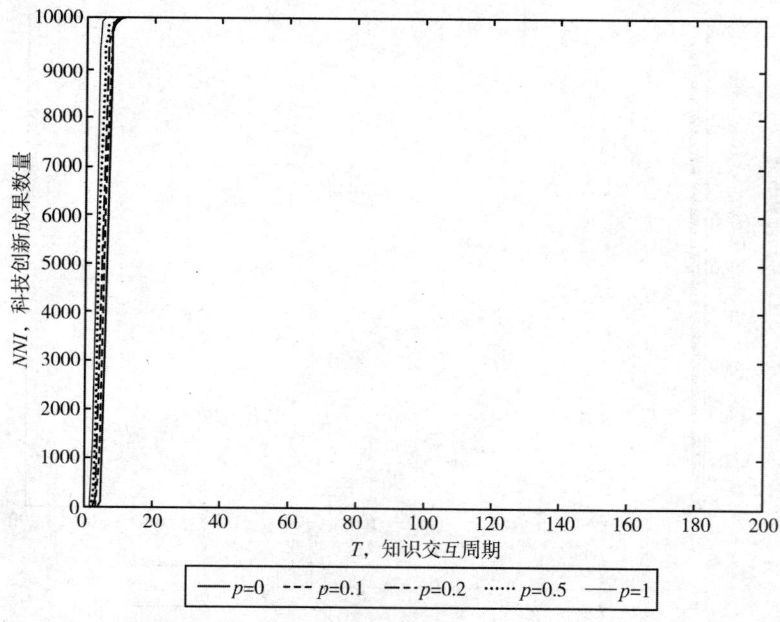

图 5－15　知识种类 $k=100$ 时基于混合规则的不同随机度下的科技创新成果累积对比

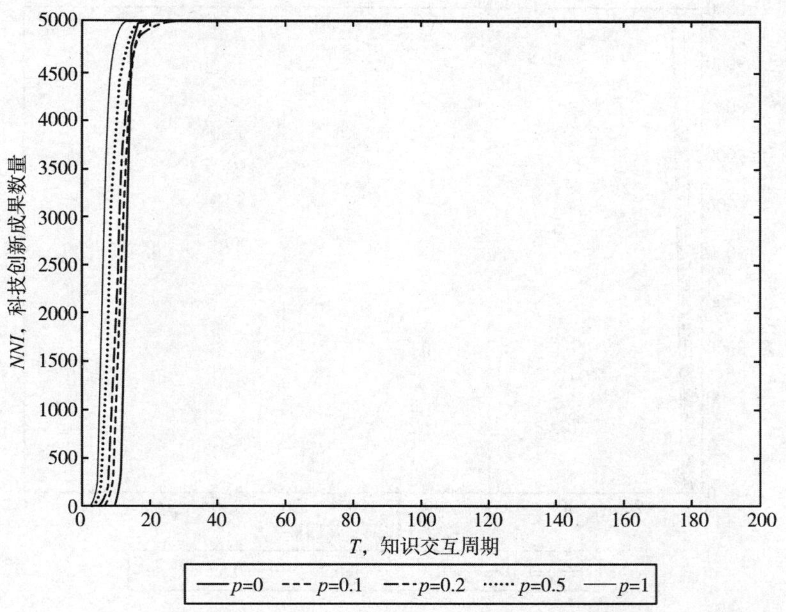

图5－16　潜在创新量 $r=10$ 时基于混合规则的不同随机度下的科技创新成果累积对比

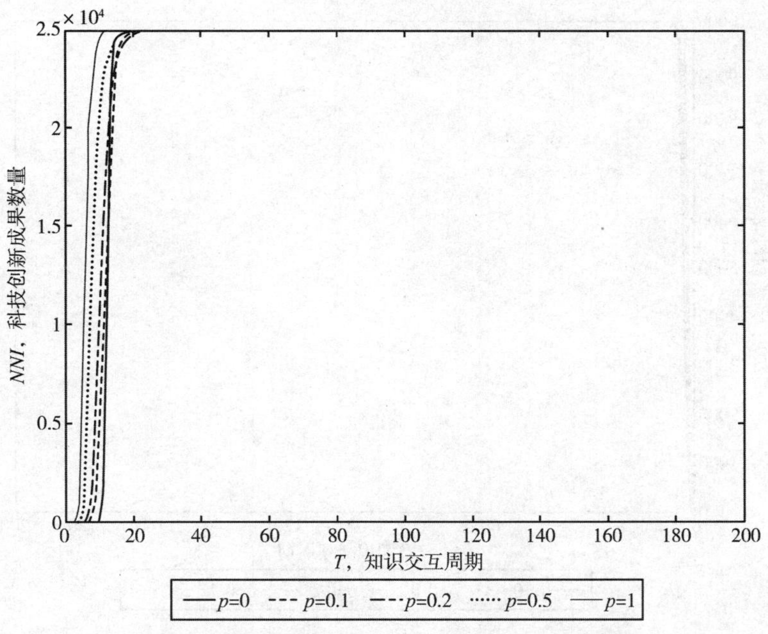

图5－17　潜在创新量 $r=50$ 时基于混合规则的不同随机度下的科技创新成果累积对比

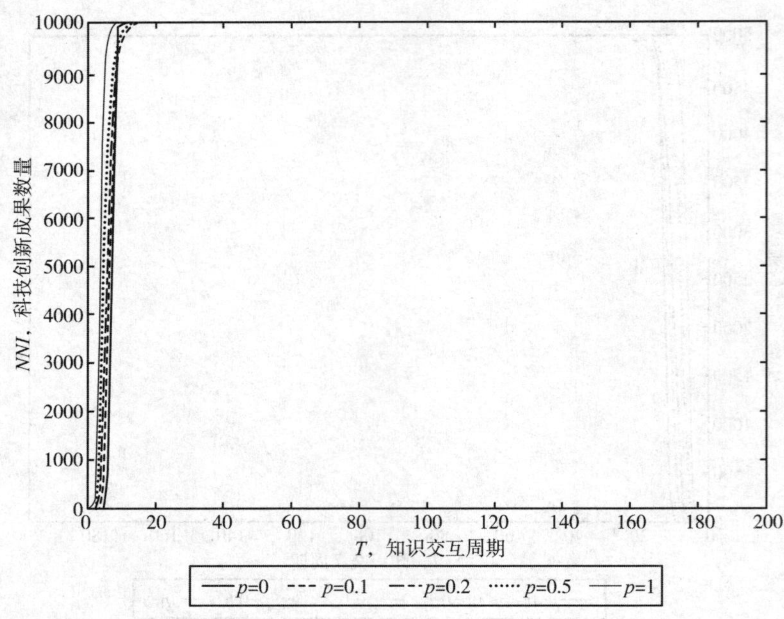

图 5－18 资源禀赋 $q=0.45$ 时基于混合规则的不同随机度下的科技创新成果累积对比

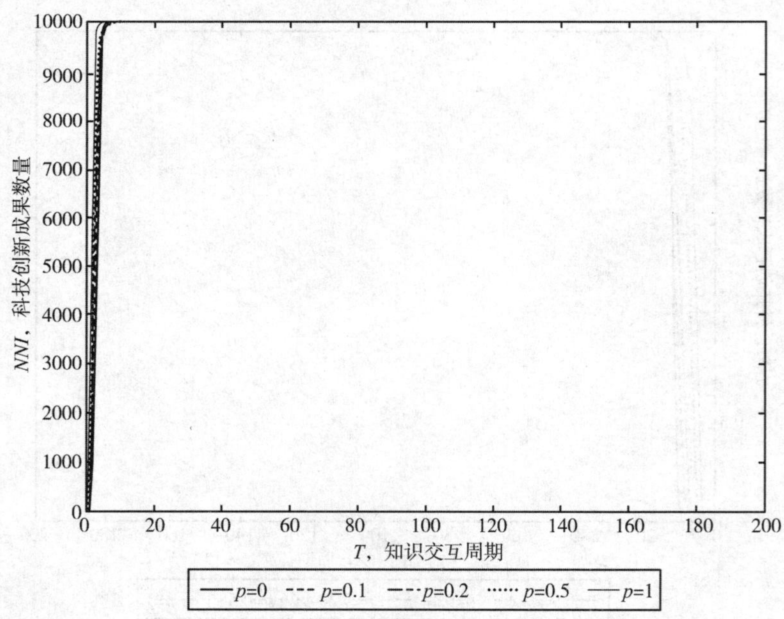

图 5－19 资源禀赋 $q=0.75$ 时基于混合规则的不同随机度下的科技创新成果累积对比

（2）图 5－2 结果的敏感性分析。类似的，使用上一小节相同的模拟参数的改变值集来测试图 5－2 中的结论，所有对应测试结果如图 5－20～图 5－31 所示。同样，敏感性测试的结果表明图 5－2 的结论也是稳健可靠的。

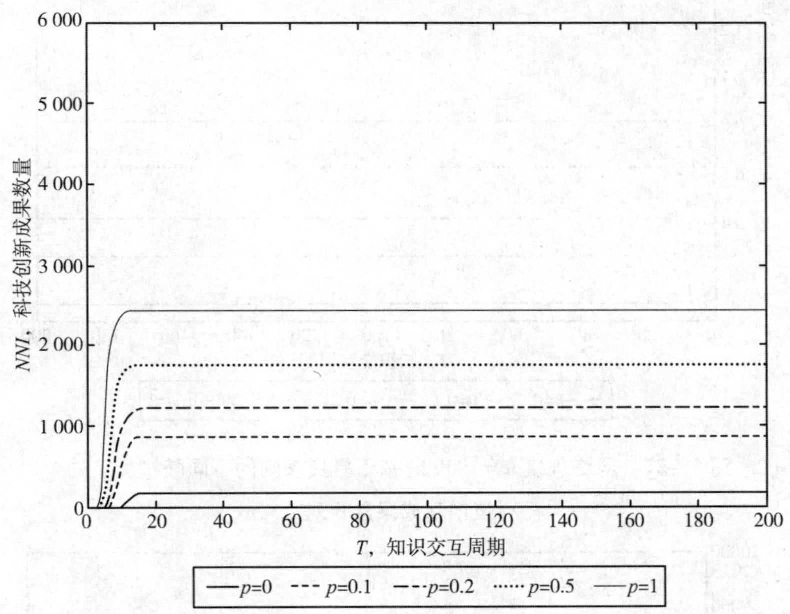

图 5－20　网络规模 $n=300$ 时基于易货规则的不同随机度下的科技创新成果累积对比

（3）对科技创新成果所需最低知识种类的敏感性分析。为了更全面有效地验证本书的新发现，进一步实验，分配 $k=2$ 来测试每一种科技创新成果所需的最小知识种类。k 的值必须大于或等于 2 才有意义，因为产学研合作参与者需要交易知识以获得至少另一种知识，以便进行科技创新。否则，如果不需要其他类型知识，那么知识交易就没有必要了。使用相同的其他参数，设定 $k=2$，运行结果如图 5－32 所示。该结果再次表明，完全随机网络 $(p=1)$ 仍然是最有效的科技创新生成网络结构。进一步的细节表明，当 $p=0$ 时，相应的科技创新成果数量分别为 230（$T=1$）、9831（$T=2$）、9898（$T=3$）和 10000（$T=4$）；当 $p=0.1$ 时，则分别为 230（$T=1$）、8360（$T=2$）、9981（$T=3$）和 10000（$T=4$）；当 $p=0.2$ 时，则分别为 230（$T=1$）、8836（$T=2$）、9998（$T=3$）和 10000（$T=4$）；当 $p=0.5$ 时，则分别

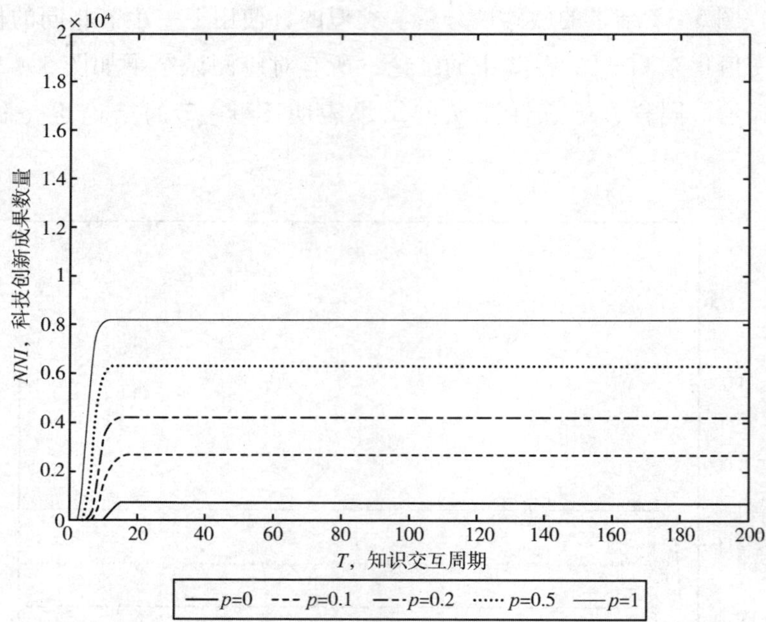

图 5-21　网络规模 $n=1000$ 时基于易货规则的不同随机度下的科技创新成果累积对比

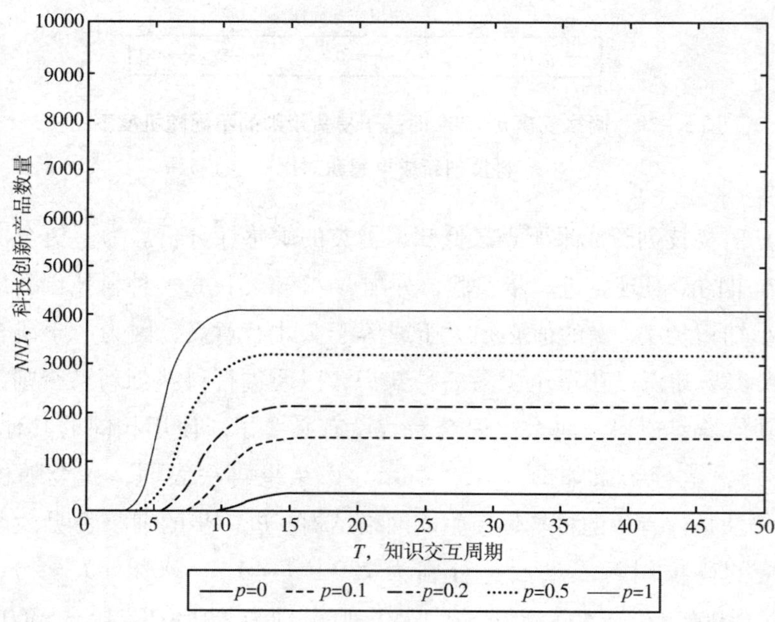

图 5-22　交互周期 $T=50$ 时基于易货规则的不同随机度下的科技创新成果累积对比

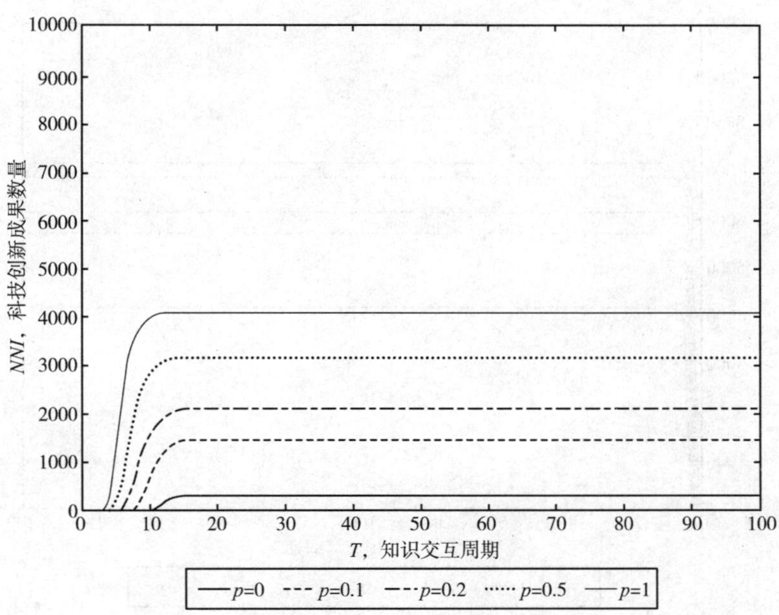

图 5-23 交互周期 $T=100$ 时基于易货规则的不同随机度下的科技创新成果累积对比

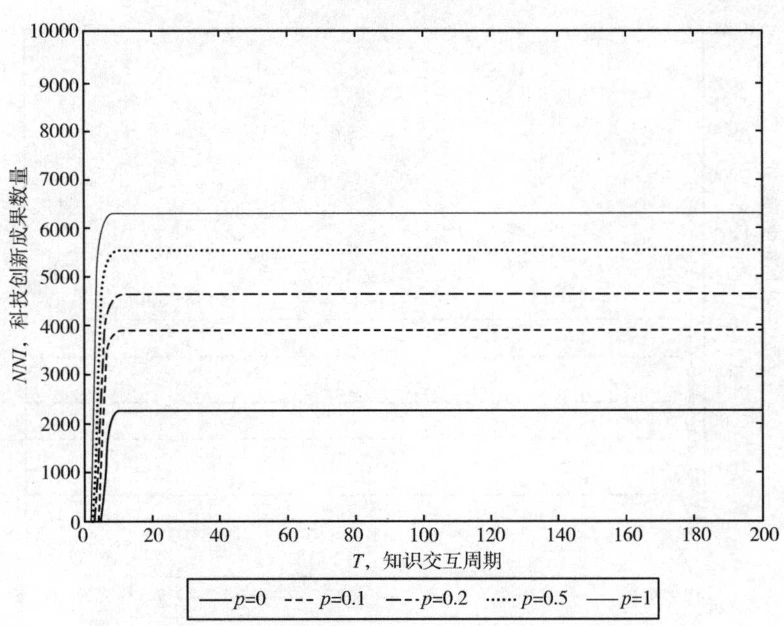

图 5-24 节点度 $m=8$ 时基于易货规则的不同随机度下的科技创新成果累积对比

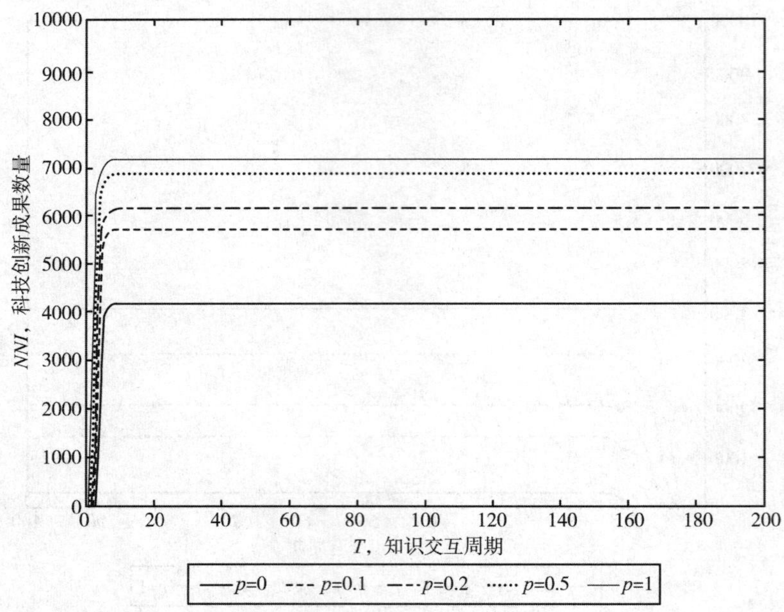

图 5-25　节点度 $m=12$ 时基于易货规则的不同随机度下的科技创新成果累积对比

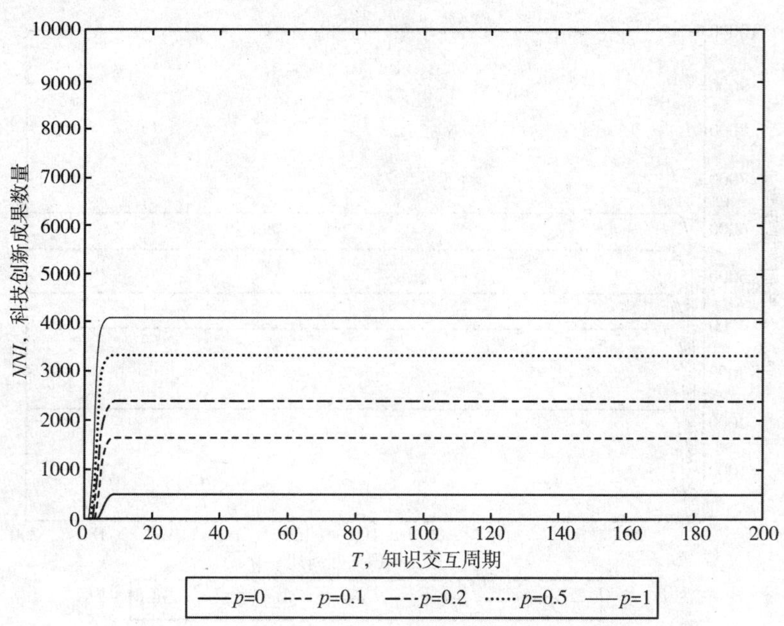

图 5-26　知识种类 $k=20$ 时基于易货规则的不同随机度下的科技创新成果累积对比

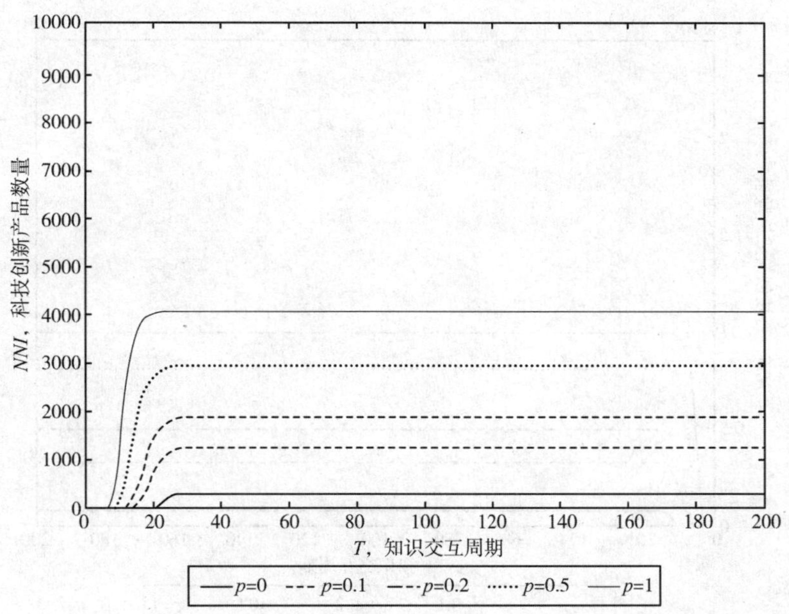

图5－27　知识种类 $k=100$ 时基于易货规则的不同随机度下的科技创新成果累积对比

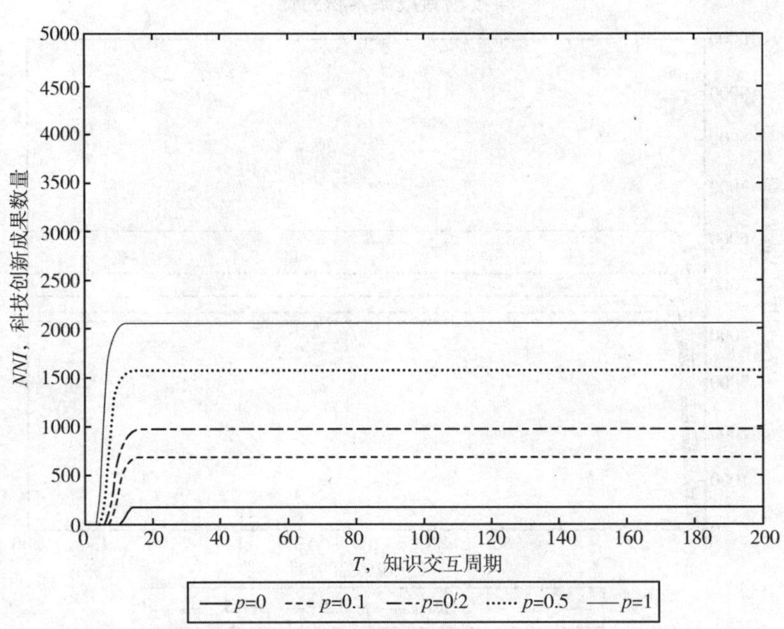

图5－28　潜在创新量 $r=10$ 时基于易货规则的不同随机度下的科技创新成果累积对比

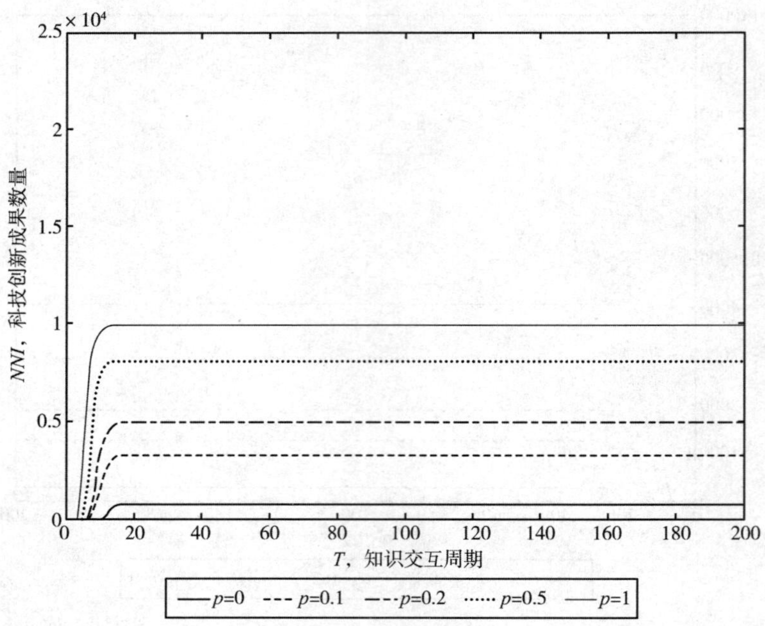

图 5-29　潜在创新量 r=50 时基于易货规则的不同随机度下的科技创新成果累积对比

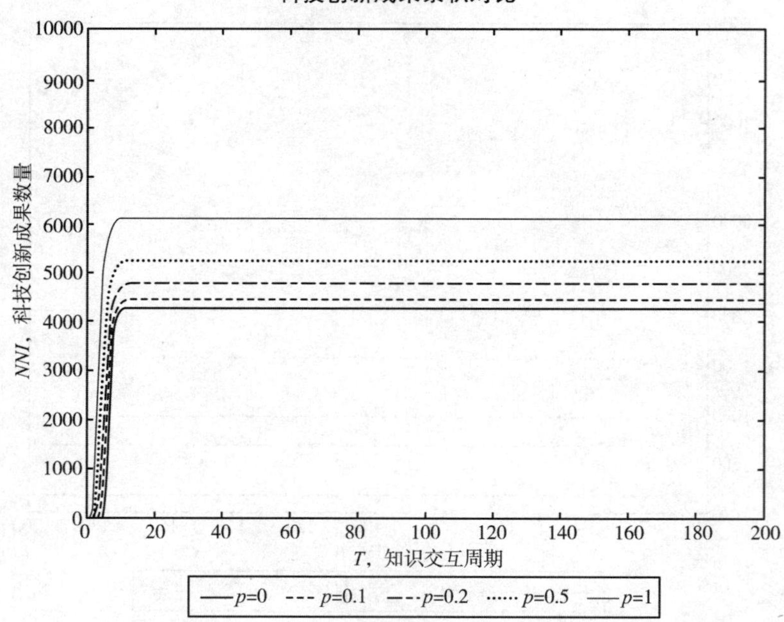

图 5-30　资源禀赋 q=0.45 时基于易货规则的不同随机度下的科技创新成果累积对比

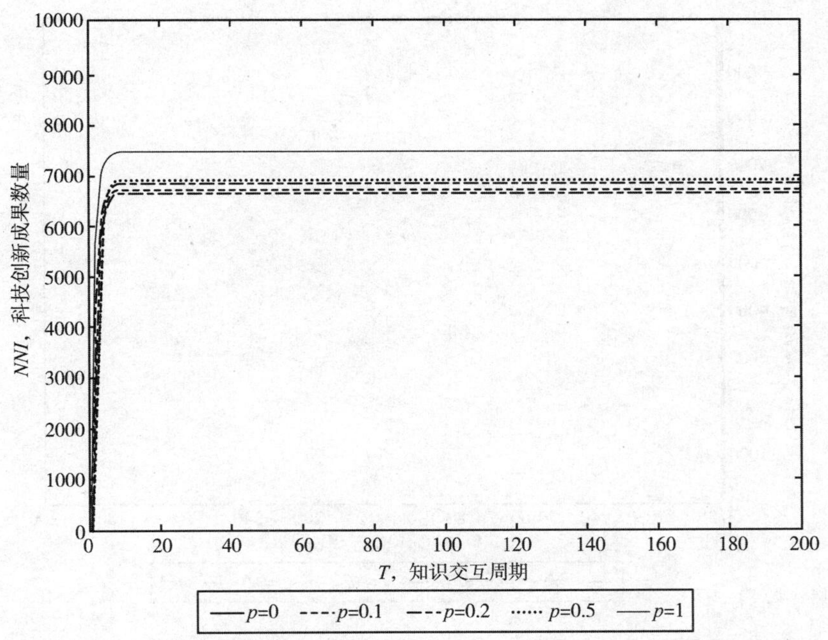

图5-31 资源禀赋 $q=0.75$ 时基于易货规则的不同随机度下的科技创新成果累积对比

为230（$T=1$）、9299（$T=2$）、9998（$T=3$）和10000（$T=4$）；当 $p=1$ 时，则分别为230（$T=1$）、9667（$T=2$）和10000（$T=3$）。在全部这些情况下（即不同的 p 值条件下），所有类型的网络都达到了10000个总科技创新成果的极限，但是完全随机网络是最快的。类似的，图5-33是基于图5-2相同的参数（$k=2$）构建，同样也得出完全随机网络结构是最好的。与图5-2中的相比，在科技创新成果数量上的差距也越来越小。图5-34是根据科万和乔纳德（Cowan & Jonard，2007）的模型构建，使用了他们使用的结果指标（即平均知识存量），但其模型参数则与本书相同，并设定 $k=2$，其结果（见图5-32～图5-34）也表明完全随机网络是产学研合作网络中最有效的知识积累结构，这再次支持了我们的发现。

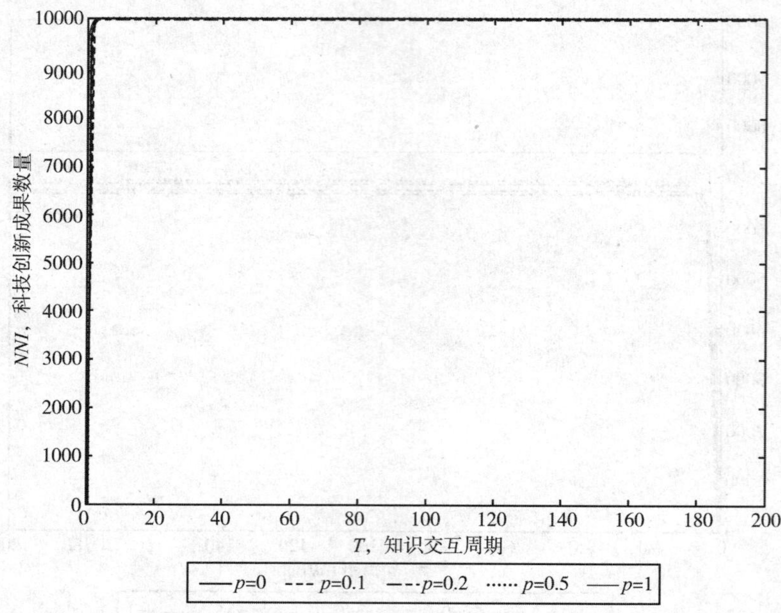

图 5-32 知识种类 $k=2$ 时基于混合规则的不同随机度下的科技创新成果累积对比

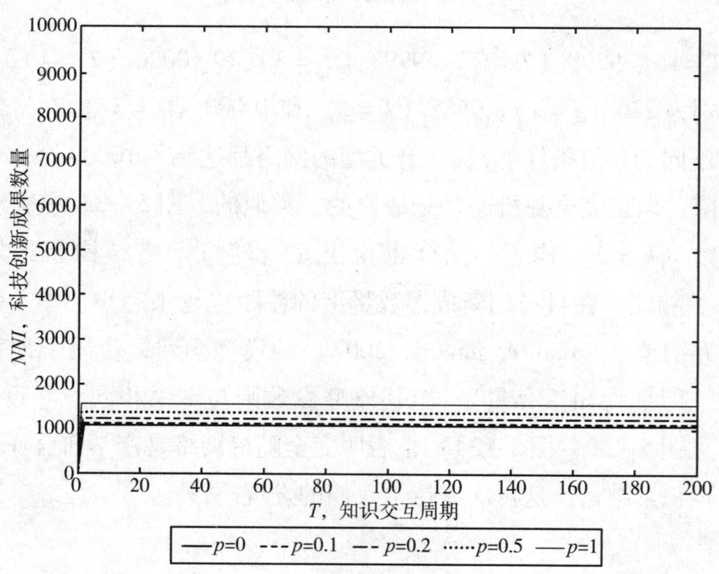

图 5-33 知识种类 $k=2$ 时基于易货规则的不同随机度下的科技创新成果累积对比

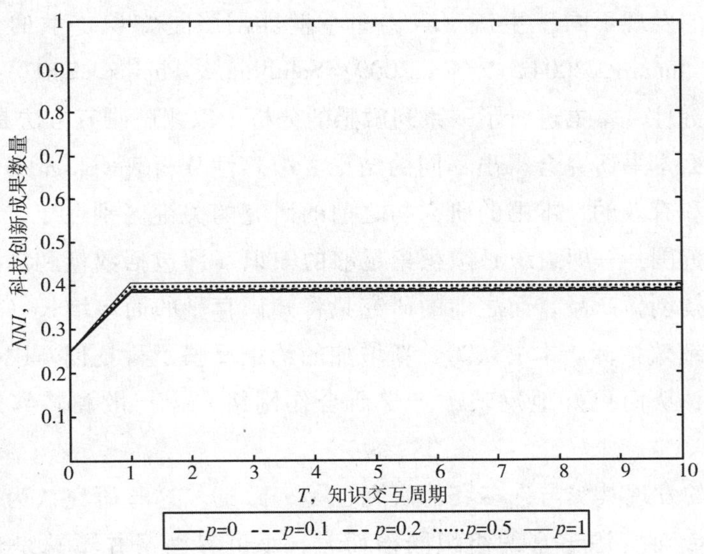

图5－34 知识种类 $k=2$ 时基于 Cowan & Jonard 模型的知识累积对比

5.5 本章小结

5.5.1 结论与讨论

本章旨在通过对产学研合作科技创新过程中各参与者之间知识交换过程的分析阐释，从而构建产学研合作网络结构对科技创新绩效影响的微观模型，然后基于仿真实验的方法进行测试比较，最终寻找到对提升产学研合作中科技创新绩效产出最有效的网络结构。这项研究是基于一个普遍的假设：即科技创新成果的产出需要一个组织积累所需的足够多的不同类别的知识，而这也正是构建产学研合作模式来实现创新驱动发展战略的理论基础。最终仿真结果表明，无论采用知识贸易混合规则还是易货交换规则，完全随机网络都是产学研合作网络的最优结构，而不是小世界网络。也就是说，本书研究表明，随着产学研合作网络建设中随机性程度的增加，知识扩散和科技创新的效率也随之提高。此外，研究还表明，在科技创新的合作网络中，混合规则比易货规则更有效。

本书的发现不同于主流观点，即小世界网络是知识扩散的最佳选择（Cowan & Jonard，2004，2007，2009；Schilling & Phelps，2007）。为了验证结果稳健性，本书进行了一系列敏感的分析，以测试研究方法是否可靠，以及为什么本书研究会得出不同的结论。敏感性分析表明，本书的研究方法是可靠和有效的，本书的研究与之前的研究的关键区别在于，设定了一个不同的范围——即组织必须积累足够的知识（即包括数量和质量）才能创造出科技创新产品，而之前的研究只将知识存量的简单增长（即只有数量）作为绩效指标。本书认为，新增加的约束反映了科技创新中更现实的情境条件，从而更好地反映了产学研合作网络知识扩散和转移过程的真实性。

本书的发现其实与许多其他研究也是一致的。这些研究认为，在不确定环境中或对资源丰富的组织网络而言，小世界网络并不总是最佳结构（Abrahamson & Rosenkopf，1997；Kim et al.，2014；Lovejoy & Sinha，2010；Singh，Hansen & Podolny，2010）。因此，本书研究的结果显示，合作网络结构是否是最佳的，应视其是否考虑到合理的环境条件限制而定，以便为产业政策提供更有意义的建议。换言之，当政策制定者可以选择为产学研合作制定一个网络时，什么是最优结构实际上取决于网络结构是否符合情境要求。在这项研究中，采用了一个更现实的环境约束，并为产学研合作网络中的科技创新确定了一个真正的最优结构。这与从静态观点视角出发点不同，它们认为小世界网络是唯一的最优结构。本书研究也不同于那些使用社会网络视角的研究（即网络位置、网络密度等），这种视角经常研究现有组织与其他组织的关系及其相关的成果，以得出网络特征与创新之间的关系（Ahuja，2000；Koka & Prescott，2002，2008；Mazzola et al.，2015，2016；Uzzi，1996）。本书主要针对实际的知识交换过程及其所产生的科技创新成果，有助于建立更为稳健的网络结构与知识扩散效率理论。

5.5.2 理论贡献

首先，近年来，人们越来越关注组织间网络，认为它是许多组织创造价值的主要来源之一（Aarikka-Stenroos & Rittala，2017；Forkmann，Henneberg

& Mitrega, 2018; Pagani & Pardo, 2017; Uzzi, 1996, 1997)。发展网络能力，在组织间网络中创造价值和创新，可以提高组织绩效。本章的研究对产学研合作网络的研究和创新有着重要的贡献。首先，关于什么是合作网络组织中知识扩散的最优结构，以及易货规则是否对组织网络中的知识扩散有效，目前存在着争论。在本书研究中，使用与先前研究相同的算法来探索一个特定的子领域——组织合作网络中的科技创新，并且模拟结果显示，当科技创新成果的总数被用来评估知识交换的绩效时，完全随机网络结构是在易货规则和混合规则上的最优结构。另外本书还发现，将混合规则应用于知识交互，可以更有效地帮助特定的网络结构（包括规则网络、小世界网络和完全随机网络）产生更多的创新成果，因此，本书研究是对网络结构和创新创造文献的一个重要补充。

其次，本书研究将一个新的参数引入到先前的算法中，但得到不同的结果：一个完全随机网络而不是一个小世界网络，是合作网络组织中科技创新产出的最佳结构。这一结果将重新激发人们对合作组织的网络结构和创新创造的新的兴趣，有助于建立更强有力的组织间网络和创新理论，因为这表明什么是最优的网络结构其实真正取决于产学研合作网络的要求。引入的新参数表明，只有当组织间合作网络的知识交换所积累的知识在数量和质量上都达到特定要求水平时，科技创新才能实现。这与以往的研究不同，以往的研究通常是基于这样的假设：一旦知识交易规则得到满足，知识就会增加。本书研究表明，虽然知识存量可能会增加，但科技创新可能并不是因为仅仅增加知识存量就产生的。

最后，这一发现也有助于改进关于网络与创新的理论，因为它强调了一个事实，即创新是基于来自不同来源的大量知识，因此创新需要从尽可能多的来源获得不同的知识，这与完全随机网络强调的着眼全局的性质是一致的：与所有可能的网络成员建立连接，而不是像在小世界网络或规则网络中那样专注于与本地或近邻建立连接。这种全局观是考虑建立有效的组织间网络以促进更多创新的重要理论发展。

5.5.3 潜在的实践应用

首先，过去的研究一直在寻找能够促进知识传播和转移的组织间网络的最佳结构（Capaldo，2007；Molina Morales & Martinez-Fernández，2010）。基于仿真模拟的方法，本书的研究表明不同于传统的认为小世界网络是最好的，而是完全随机网络对产学研合作成员间的有效创新生成而言是最好的。因此，这项研究的结果可能会对产业发展或者政府科技政策产生一些潜在的影响。考虑到随机网络更有利于创新创造，从微观角度出发，我们鼓励产学研合作参与者开放思想，与网络中的任何伙伴成员进行知识交互，以促进创新思想的传播，而不是仅限于与小世界网络中规定的紧密联系的组织之间互动；从宏观的角度看，当组织在考虑战略定位时，我们鼓励它们寻找任何一个拥有丰富不同知识的组织的全球定位，以建立一个随机的组织间知识交互网络。应该基于一个全球视角，而不是局限于地理邻近组织间建立的一个小世界的网络。

更具体地说，具有完全随机结构的产学研合作网络中的组织应该更容易产生创新。因此，产学研合作应首先鼓励并制定政策，促进参与者跨组织边界发展新的合作伙伴关系，以获得更有效的知识传播和创新创造，同时也是鼓励新的潜在伙伴加入合作网络中。

其次，本书研究显示，运用知识交易的混合规则，科技创新效率更高。因为易货规则代表了产学研合作组织之间是基于正式的市场关系，因此使用易货规则的知识传播必须是一种双边盈利交易。如果没有互惠互利，知识交易将在易货规则下终止，因此基于易货规则的知识扩散往往是缓慢和不完全的。相反，礼物规则代表了组织之间建立在友谊基础上的非正式关系，有时是相互义务，它可以用来进行单方面的有益交易。因此，政府也应鼓励产学研合作组织在不存在易货规则条件的情况下，通过推动更先进的组织单方面帮助产业联盟中的相对落后组织，利用更有效的混合规则来促进产学研合作网络中的科技创新。而且，管理者还可以通过发展相互信任和合作的氛围来促进知识扩散的混合规则，最终实现完全随机网络，提高产学研合作网络中不同组织间知识扩散和科技创新的效率。

最后，本书研究的发现可以帮助人们更好地理解和识别有效的合作网络结构，以促进更广泛背景下的创新创造。基于本书的研究结果，混合交互规则（即易货规则加礼物规则）更为有效，因此在产学研合作网络的初始阶段，当许多网络合作伙伴仍然不具备他们所期望的知识时，应该采用混合交互规则。例如，当许多国家建立了越来越多的高科技园区和产学研合作联盟时，这一点尤其重要，如中国的北京中关村、日本的阪神工业区，或是韩国开城工业园区，企业通过互联互通信息/知识进行创新。在产学研合作联盟形成的初期，往往存在着多个知识较先进的核心组织和大量知识较少的非核心企业。在这种情况下，政府或政策制定者往往会鼓励甚至命令核心组织帮助非核心组织尽快、尽可能地增加知识存量，以增加网络中的整体知识存量和科技创新能力。在这一阶段，由于非核心组织对核心组织的知识可能很少或根本没有，易货规则不是最优的，因此小世界网络并不是此时最优知识扩散的合适结构。相反，混合规则更为现实，因此基于混合规则的随机网络是有效知识扩散和科技创新的最佳选择。这与合作的概念是一致的，其中产学研合作网络中的合作伙伴不仅是竞争对手，因此知识交易必须是双边受益的，而且它们也是合作者，因此知识交互也可以是单边受益的，这是在日益相互关联的商业世界中朝着价值共创迈出的重要一步。

5.5.4 研究局限与未来研究方向

当然，本章的研究也有其局限性，因此在应用这项研究时必须小心谨慎。在本书研究模型中，每个节点的节点度（即 m）是固定的，但具有高度异质性的网络可能会影响组织交换知识的方式，并进一步影响知识传播或创新创造（Zhang et al.，2017）。此外，产学研合作网络经常随着时间的推移而演化发展。例如，一种新的网络变革机制表明，网络节点会崩溃，从而影响知识扩散和创新创造的绩效，同群效应也可能影响组织间网络的形成（Hasan & Bagde，2015）。因此，如果产学研合作网络中的网络节点是动态的，则需要进一步的研究来检验完全随机网络是否仍然是最优的网络结构。未来研究中需要考虑的另一个重要因素是组织的吸收能力（Cohen & Levinthal，1990）。虽然一个组织可以决定它想从知识交互的合作伙伴那里获得什么样的知识和多少知识，但对于吸收能力低的组织来说，从组织核心知识中获得的知识过多或过远，实际上可能会阻碍组织的创新绩效（Cohen & Levinthal，1990）。未来的研究应在模拟知识交流过程中考虑到这一点，以期取得更为丰硕的研究成果。

此外，本书考察了静态的知识扩散和科技创新实现过程，即在知识互动和创新创造过程中不考虑新知识，有学者（Cowan & Jonard，2007）的研究中也使用了这一假设，因此没有考虑到创新也参与知识交互。所以未来的研究应考虑到当新知识加入知识交换过程中，或当新生成的知识参与到知识交换过程中时，知识扩散的动态观点，才能更好地把握产学研合作网络结构对参与合作成员的科技创新能力影响的本质。

第 6 章

基于江西省产学研数据的实证分析

6.1 引言

在面临当前高度竞争和快速变化的外部环境下，创新成为推动经济发展的不竭动力，也是组织核心竞争力的重要来源，因而如何有效地促进创新不仅成为学者关注的重要问题（花磊，王文平，2014），而且也是近年来政府管理者和实践管理者不断讨论的热点。目前，创新驱动发展已成为国家战略，而产学研合作创新则成为落实这一发展战略的重要实现途径。习近平总书记在不同重要场合都强调了推动产学研合作创新的重要性，例如，在十二届人大三次会议期间指出，“必须推动要素集合，推动合作创新，形成创新力量”。[①] 另外，《国家中长期科学和技术发展规划纲要（2006～2020 年）》也把“产学研结合”作为“建设中国特色国家创新体系”的突破口，明确了产学研结合的战略地位。进一步，江西省将“创新引领”作为省委工作指导方针的第一位，坚持合作推进原则，着眼聚焦重点、整合资源，加强顶层设计和系统布局，着力打破科技创新条块分割和区域分割，构建充满活力的科技合作创新组织运行机制和集成高效的合作创新模式，加快完善全省合作创新体系，提升创新驱动发展整体效能。

① 人民网－中国共产党新闻网－中国共产党新闻－高层动态－习近平到上海代表团参加审议。http：//cpc. people. com. cn/n/2015/0305/c64094－26644572. html.

从开放创新视角来看，随着科学技术的迅猛发展以及市场需求多变，技术创新活动所需知识在深度和广度上不断增强，因而使得组织不仅需要依赖于自身生产的知识，而且还需要探索外部知识和创新源（Bellini，Piroli & Pennacchio，2018），各种组织需要经常地参与双边或者多边合作来交换知识，彼此学习和创新（Grant & Baden-Fuller，2004），使得通过跨越边界与外部知识源共享知识变得越来越必要，进而促使不同组织间合作创新成为一种广泛的知识交互与扩散形式。进一步，产学研合作创新主体自身的知识资源各具特色和优势，在合作中有较强的知识互补性和黏着性（罗琳，顾新，2017）。企业和学术机构都高度重视通过获取和利用相互的知识以提升创新能力，由此产生了产学研知识合作与合作（何郁冰，张迎春，2017）。因此，在国家实施合作创新驱动战略的背景下，由企业、大学、科研院所三个基本主体投入各自的优势资源和能力，在政府、科技服务机构、金融机构等相关主体的合作支持下，共同进行技术开发等创新活动，实施产学研合作创新就成为必然选择（方炜，王莉丽，2018）。

进一步，从社会网络视角来看，这种产学研组织间的合作关系构成了一种特定的知识扩散网络，对于知识在组织间的有效转移和共享起到重要作用。陈子凤、官建成（2009）就指出，很多对创新型区域的研究将社会网络视为其创新的关键，因为社会网络通过其对知识信息的传递扩散作用来直接和间接地影响创新产出。特别的，这种组织间的合作关系网络为市场提供了信息与知识流动的管道和路径，而社会网络的结构就类似于管道的布局，布局的合理与否对于管道的知识流动是否顺畅至关重要（唐厚兴，2017）。换句话说，产学研合作创新网络结构将对参与主体之间的信息、知识交换、创新绩效等产生重要影响，进而通过分析其结构特征发现创新合作中存在的问题并加以改进就具有重要应用意义。

基于以上分析，本书认为，弄清产学研合作创新网络结构的特征及其演化过程，有利于认清产学研合作创新过程中不同组织机构的作用，为区域产学研创新政策的制定提供理论依据。因此基于2015～2018年江西省科技进步奖数据为样本，利用社会网络分析方法和UCINET软件工具，构建了江西省产学研合作创新网络图谱，并对该网络进行了整体结构特征分析，并据此提出一些管理对策建议，以期提升产学研合作创新绩效。

6.2 数据来源与研究方法

6.2.1 数据来源

选取江西省科学技术进步奖获得者作为分析样本，主要出于以下考虑：首先，科学技术奖励所具有的地位反映了其在衡量产学研合作成果的创新程度上具有公认的权威性，也能反映出合作创新的效果；其次，在科学技术三大奖励中，自然科学奖旨在“阐明自然现象、特征和规律、做出重大科学发现”；技术发明奖强调“运用科学技术知识做出产品、工艺、材料及其系统等重大技术发明”；科技进步奖则突出“科学技术成果应用并取得重大经济效益和社会效益”，因此科技进步奖相比自然科学奖和技术发明奖而言，更能反映出产业—高校—研究机构之间的产学研合作创新关系。再者，在历年公布的江西省科学技术奖励名单中，科学技术进步奖数量占据绝大部分，而自然科学奖和技术发明奖占比较小，具体如表6－1所示，因此从样本数据量的角度来看，选择科学技术进步奖励数据也更为合适。

表6－1　2010～2018年江西省科学技术奖励项目数统计

奖项	2018年	2017年	2016年	2015年	2014年	2013年	2012年	2011年	2010年
自然科学奖（项）	45	20	17	14	19	18	17	17	11
技术发明奖（项）	14	7	16	14	10	9	7	7	5
科技进步奖（项）	91	77	73	79	77	76	78	78	86
科技进步奖占比（%）	60.67	74.04	68.87	73.83	72.64	73.79	76.47	76.47	84.31

基于研究目的和内容，根据江西省人民政府公布的历年科学技术奖励名单，选择2015～2018年四年的科技进步奖获奖名单数据作为研究样本。

6.2.2 研究方法

在目前研究网络结构特征分析中，社会网络分析方法已成为主要研究范式。按照其概念，每个科技进步奖励项目中的各个获奖单位都可以看作是网络中的一个节点，而主体间的合作创新合作关系可以看作是一条边。由于本书的目的是分析不同创新主体之间的产学研合作关系，因此在每一个获奖项目中如果完成单位包含多个主体，它们之间存在合作关系，关系矩阵中设定为1；如果存在2次合作，则设定为2，以此类推。反之，如果完成单位只有1个，则认为是孤立点，予以删除。在利用Excel软件构建出关系矩阵后，借助UCINET软件进行可视化处理，据此对产学研合作创新网络结构特征进行分析。

6.3 基于节点特征的江西省产学研合作网络结构特征分析

产学研合作网络是由不同异质性参与主体构成，每个参与主体即是网络中的一个节点，因此节点的特征必然是构成网络结构特征的一个要素，因此通过对构成网络的节点特征进行简单分析，可以了解江西省产学研合作网络的结构特征，进而有助于提出改进网络效率的对策建议。

首先，按照产、学、研不同节点属性，对2015~2018年度产学研合作主体成分进行梳理。部分节点归属解释如下：一是医院归属于研究院所类别；二是有些科研院所或者企业包含众多下属单位，但是科技进步奖的获奖单位可能是下属子单位也可能是上级单位，因此完全按照获奖名单将其归为不同的单位，即看作是不同的节点；三是部分节点主体是科研属性，但运行是按企业属性，例如，长江勘测规划设计研究有限责任公司，对于这类节点，仍将其归为科研院所；四是按照属地原则将节点分为省内和省外。具体结果如表6-2所示。

其次，根据上述统计数据对江西省产学研合作网络节点特征进行分析。一是从2015~2018年的数据可以看出，在江西省产学研合作网络中，企业作为产学研合作中创新主体的作用逐渐突显，至少从获奖参与数量占所有单位总数比例上能表现出这样的趋势。相反，科研院所的参与比例明显下降，高校的参与比例基本保持，具体如图6-1~图6-4所示。当然如果从整个自然科学奖来说，高校的主体创新地位依然牢不可破，但是从科技进步奖来

表6－2　　江西省产学研合作网络节点特征分类　　单位：家

类别		2018年	2017年	2016年	2015年
企业	省内	47	54	21	25
	省外	32	26	4	4
高校	省内	12	5	8	7
	省外	25	13	10	15
科研院所	省内	39	38	26	40
	省外	21	8	7	9
合计		176	144	76	100

看，即从产学研合作推动科技成果转化这一视角来看，企业的参与度越来越高，产学研合作网络节点的异质性特征更为明显，网络规模有所扩大。

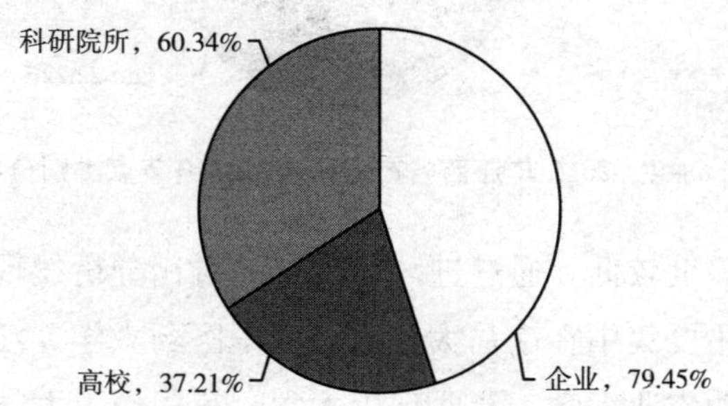

图6－1　2018年江西省产学研合作网络节点类别分布

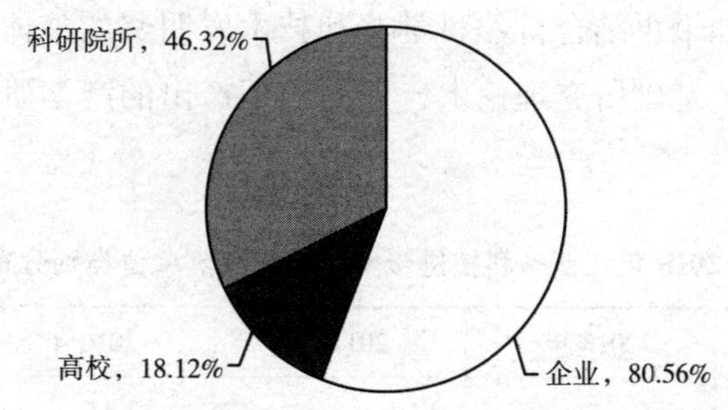

图6－2　2017年江西省产学研合作网络节点类别分布

二是从产学研合作网络节点——高校来看，其参与程度较深，即在科技进步一等奖上占比越来越大（以第一单位计算），如表6－3所示。然而，整个江西省的高校数量在100所左右，所以从表6－2所示的高校参与数目对比

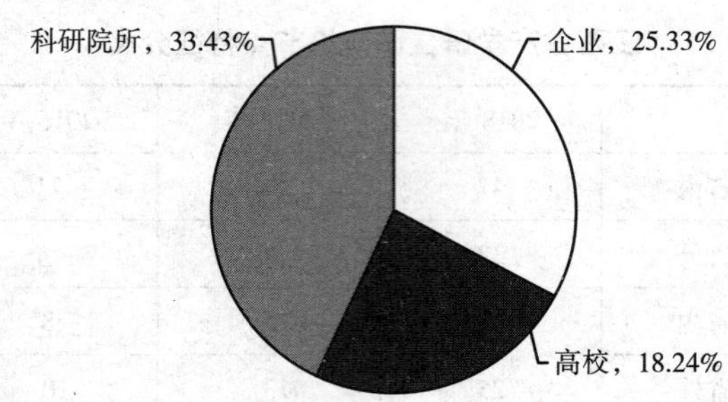

图 6－3　2016 年江西省产学研合作网络节点类别分布

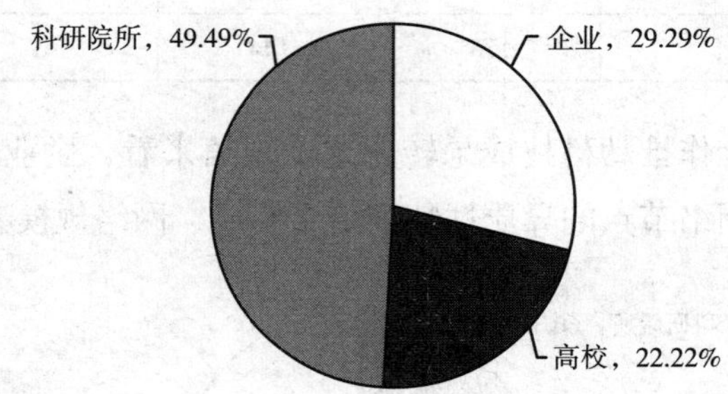

图 6－4　2015 年江西省产学研合作网络节点类别分布

来看，高校参与广度较低。通过进一步数据的对比分析发现，历年来参与产学研合作的高校主要集中在南昌大学、江西中医药大学、江西师范大学、华东交通大学、江西农业大学、江西理工大学、东华理工大学、南昌工程学院等高校，具体如表 6－4 所示。而与之相对的是，企业和科研院所的参与广度和深度都较高。如果再结合自然科学奖和技术发明奖的整体数据来看，高校的重心还是放在了基础研究理论上，偏向应用产出的产学研合作还没有得到真正的重视。

表 6－3　2015～2018 年江西省科技进步奖一等奖获奖单位类别分布情况　单位：家

类别	2018 年	2017 年	2016 年	2015 年
企业	3	6	5	4
高校	7	4	1	1
科研院所	1	4	1	0
合计	11	14	7	5

表6-4 2015~2018年江西省科技进步奖获奖单位名单（高校）

年份	2018年	2017年	2016年	2015年
获奖单位	南昌大学	南昌大学	南昌大学	南昌大学
	华东交通大学	华东交通大学	江西理工大学	华东交通大学
	江西理工大学	江西理工大学	江西农业大学	江西理工大学
	江西农业大学	江西农业大学	江西师范大学	江西农业大学
	江西师范大学	南昌工程学院	江西中医药大学	江西中医药大学
	东华理工大学		东华理工大学	南昌航空大学
	江西中医药大学		南昌工程学院	萍乡学院
	南昌航空大学		江西生物科技学院	
	赣南师范大学			
	南昌工程学院			
	上饶师范学院			
	南昌理工学院			
	江西医学高等专科学校			

三是从产学研合作主体的省内外分布来看，高校参与者中省外高校数量远多于省内高校；相反，在合作企业和科研院所中则主要以省内单位为主。具体如图6-5、图6-6和图6-7所示。

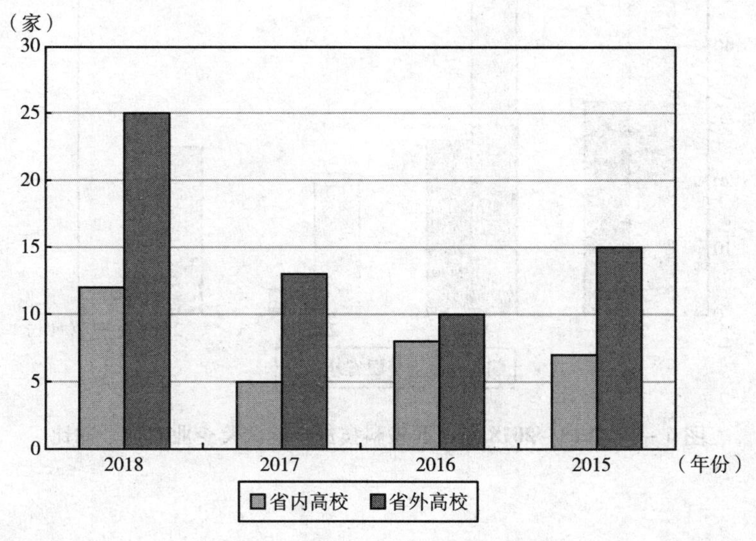

图6-5 2015~2018年江西省科技进步奖获奖高校省内外对比

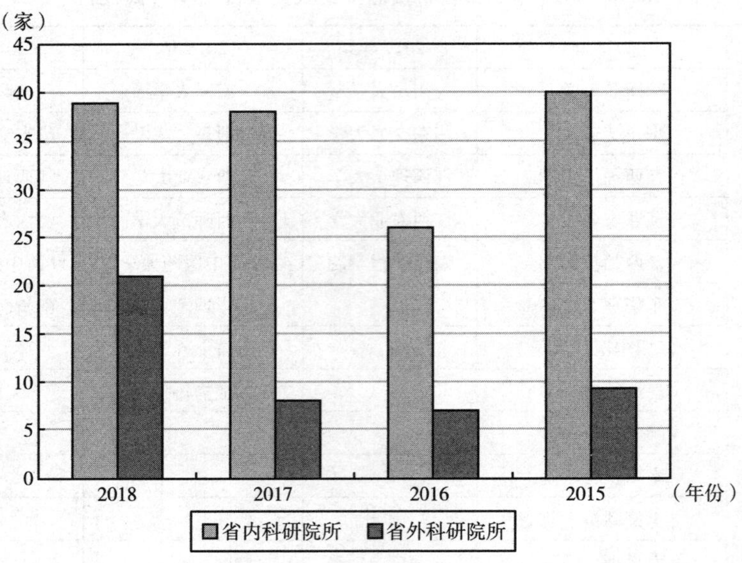

图 6-6 2015~2018 年江西省科技进步奖获奖科研院所省内外对比

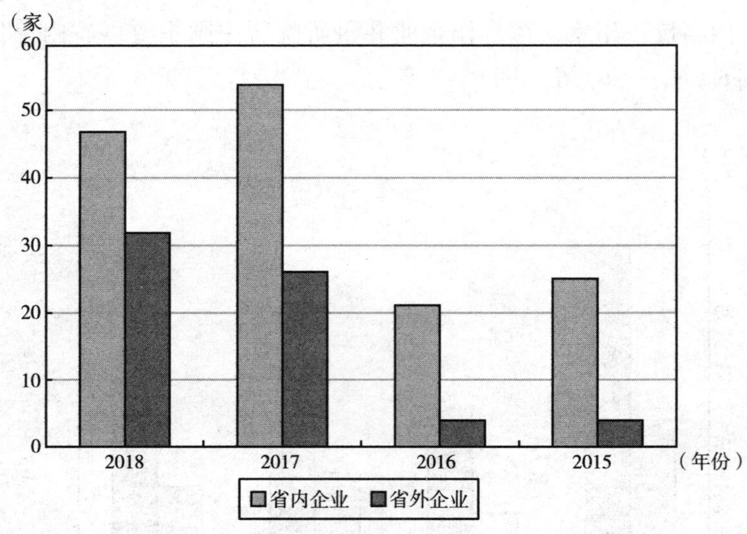

图 6-7 2015~2018 年江西省科技进步奖获奖企业省内外对比

6.4　基于网络结构参数的江西省产学研合作网络结构特征分析

根据2015～2018年的获奖数和获奖单位数，剔除所获奖项中只有一个单位的情形（即消除孤立点），可以得到网络节点数（即网络规模），按照各节点之间是否存在共同获奖以及获奖次数可以得到关系边数和连接次数。因为两个单位之间可能合作获得多个奖励，因此连接次数要比关系边数大。平均节点数为节点数与获奖单位数之比值、平均边数为关系边数与节点数之比值、平均连接次数为连接次数与节点数之比值、网络密度为关系边数与所有节点存在的最大可能边数之比值。经过整理得到的产学研合作网络相关结构参数具体如表6－5所示。

表6－5　江西省产学研合作创新网络结构参数

年份	获奖数（个）	获奖单位数（个）	节点数（个）	平均节点数	关系边数	平均边数	联结次数	平均联结次数	网络密度
2018	91	176	159	1.11	524	3.30	534	3.36	0.035
2017	77	144	125	1.62	392	3.14	403	3.22	0.051
2016	73	107	76	1.04	227	2.12	245	3.22	0.080
2015	79	130	100	1.27	236	2.36	238	2.38	0.048

由表6－5可以发现以下几点：第一，从节点数来看，网络绝对规模有显著增加，这可能是由于获奖数总量增加导致的，也可能是每个获奖项目中参数主体的数量增多导致的。因此，进一步通过获奖数、获奖单位数和平均节点数来比对，可以确认是由于单个获奖项目参与主体数量增加而导致的，这潜在表明参与产学研合作创新的组织增加，产学研合作创新活动更为活跃。第二，从平均边数和平均连接次数来看，不同组织之间的合作关系和合作频度也有增加的趋势，这些表明，江西省产学研合作创新的活跃度在提升。第三，从网络密度来看，它可以衡量产学研合作创新网络中各个参与主体之间的关系紧密程度，而从表6－5来看，本书所构建的江西省产学研合作创新网络的整体网络密度分别为0.035、0.051、0.080和0.048，该网络密度数值较小，这潜在表明，一直以来网络中各创新主体之间的合作活动仍

然偏少，知识共享程度明显偏弱，再考虑到获奖单位数和节点数之间的差异，表明不少创新参与主体更多依赖于自主创新或者是单位内部的合作而不是外部合作。

6.5 基于网络结构图谱的江西省产学研合作网络结构特征分析

为了更直观地了解和分析江西省产学研合作创新网络的特点，基于 UCINET 软件对 2015 ~2018 年的产学研合作创新数据进行图形化处理，基于网络结构图谱来对其特征进行分析。其中图 6 –8、图 6 –10、图 6 –12 和图 6 –14 展示的是一般性合作网络图谱，而图 6 –9、图 6 –11、图 6 –13 和图 6 –15 是基于中心度的合作网络图谱，图中矩形框或者圆点代表了参与主体，而两个点之间的连线代表了创新主体之间存在合作关系。

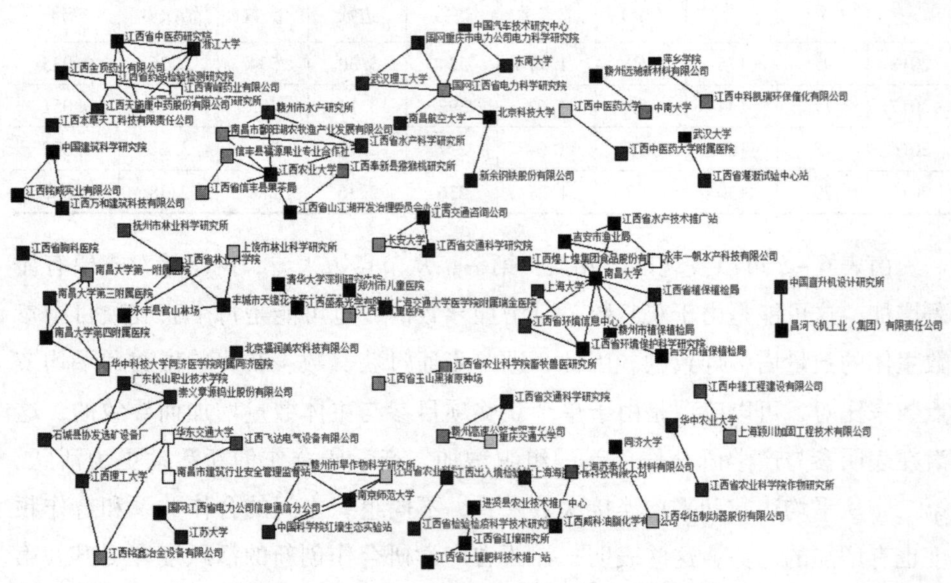

图 6 –8 2015 年江西省产学研合作创新网络

首先，从图 6 –8、图 6 –10、图 6 –12 和图 6 –14 中可以看出，江西省

130 产学研合作创新合作网络中参与者之间的连接明显比较稀疏，无论是总体中

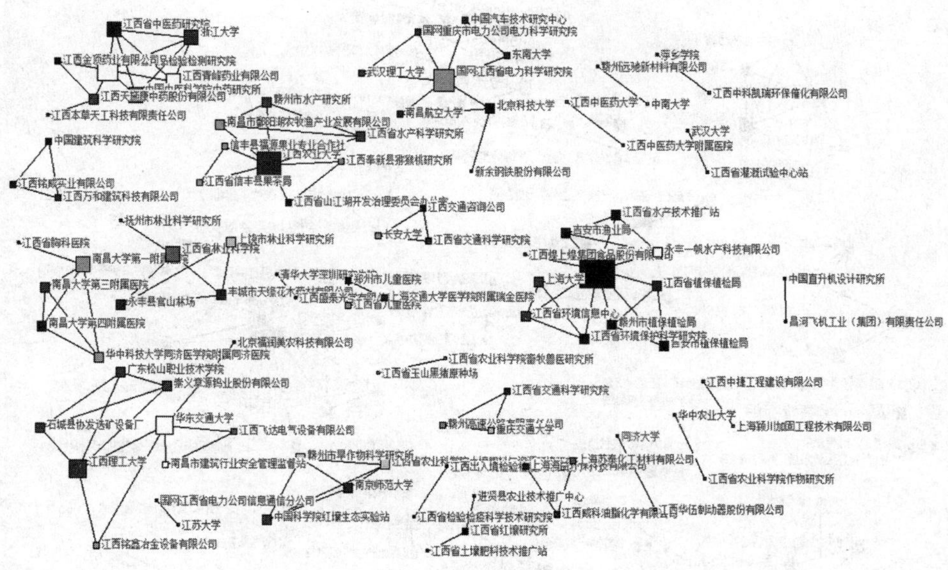

图6-9　2015年基于中心度的合作创新网络

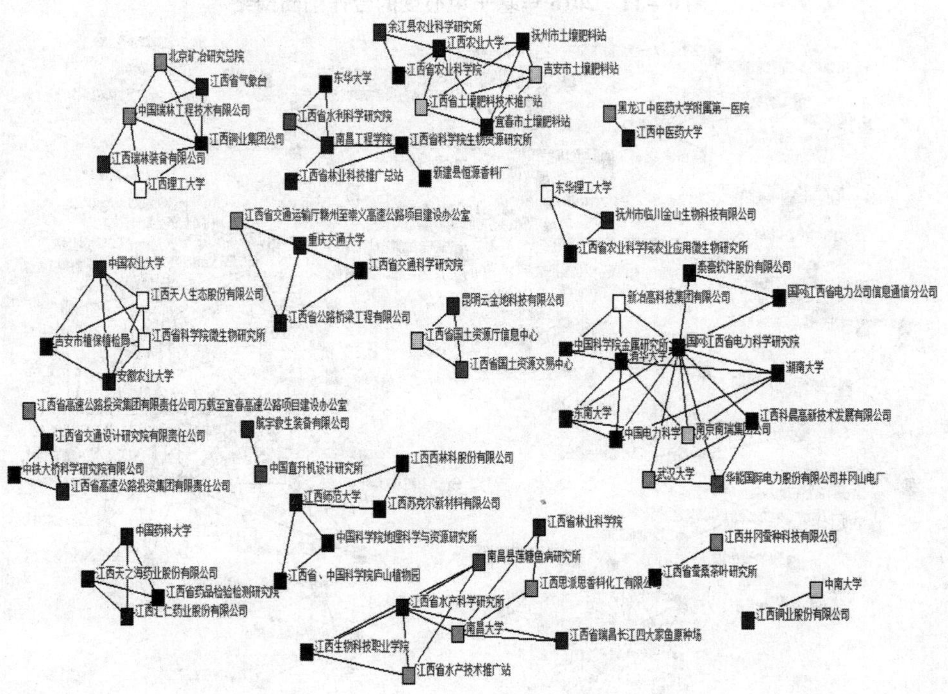

图6-10　2016年江西省产学研合作创新网络

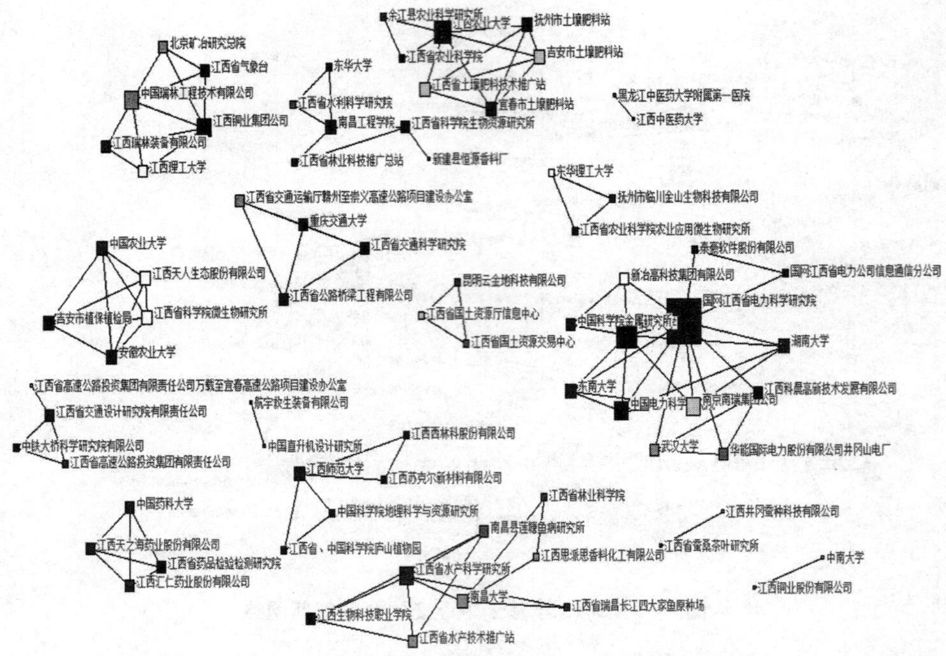

图 6 – 11　2016 年基于中心度的合作创新网络

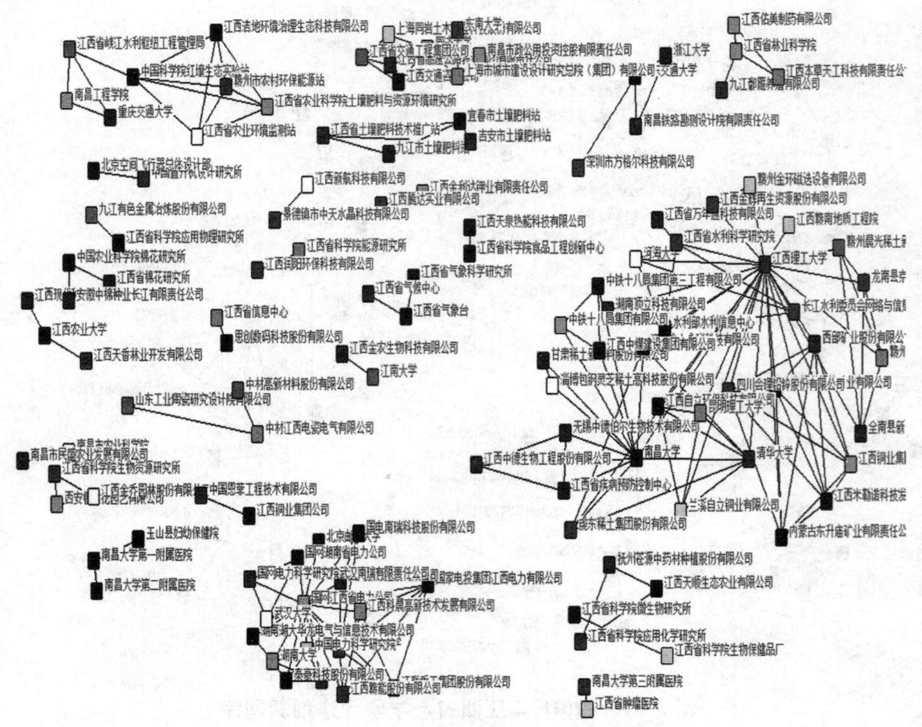

图 6 – 12　2017 年江西省产学研合作创新网络

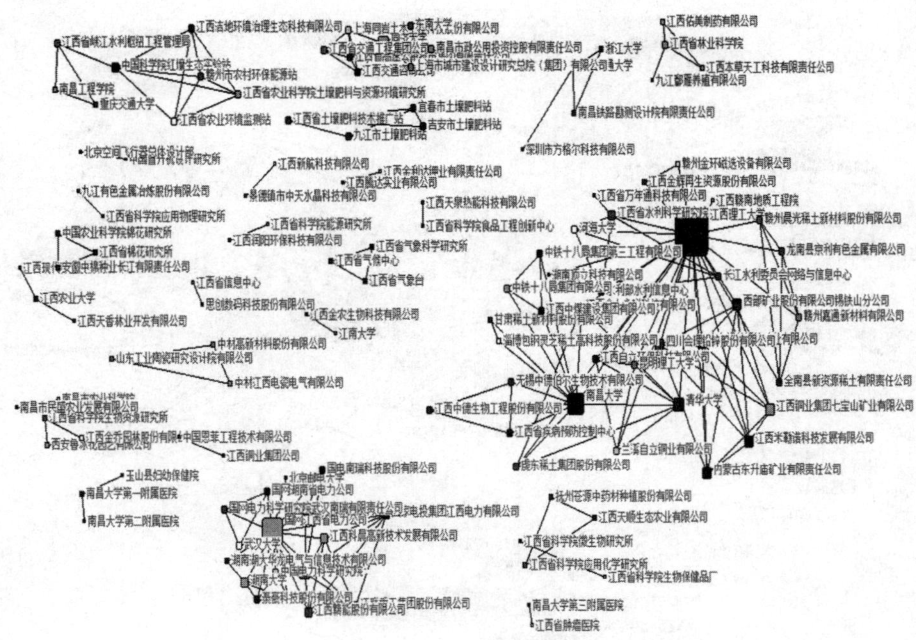

图6-13 2017年基于中心度的合作创新网络

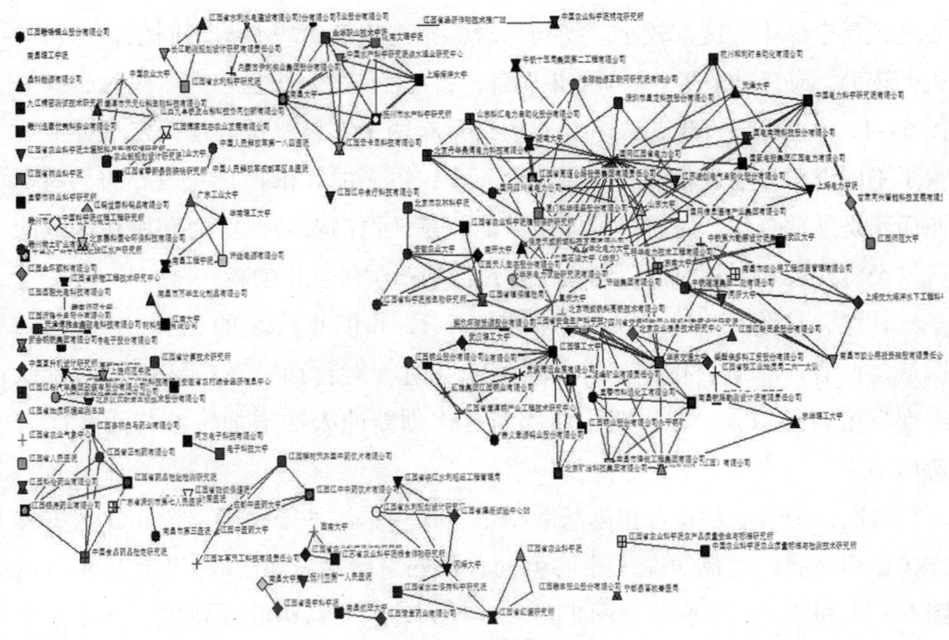

图6-14 2018年江西省产学研合作创新网络

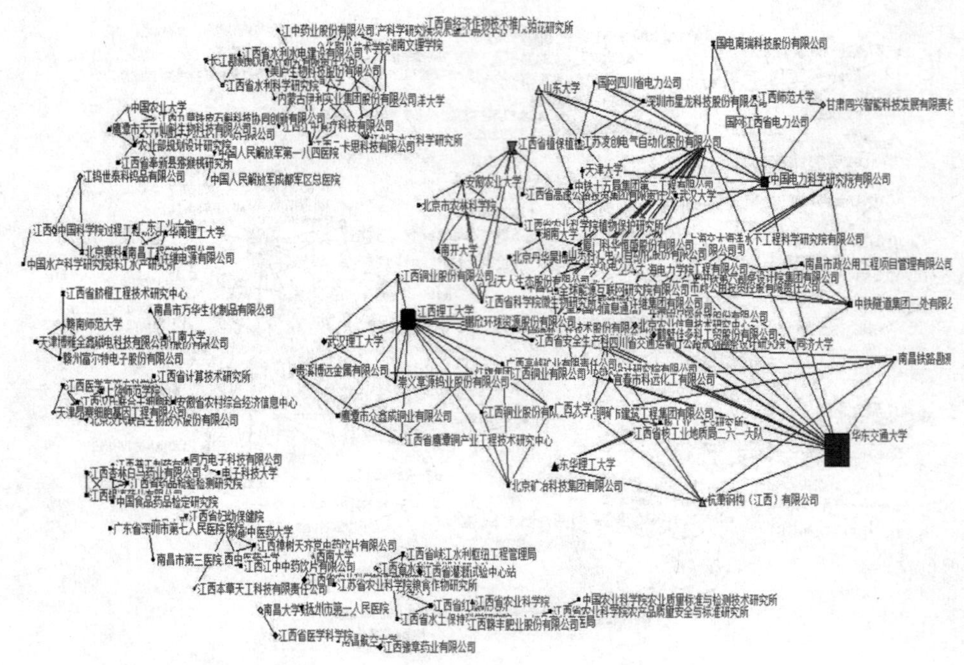

图 6－15 2018 年江西省产学研合作创新网络

心度还是个体中心度都较小。换句话说，某个创新组织参与不同创新项目的机会较少，或者对于某个创新成果而言，参与合作的组织也较少。从图 6－8～图 6－15 中也可以发现，很多获奖项目只有两个参与单位。这一定程度上反映了不同组织参与创新活动的活跃度不高，更多的是依赖自身内部的创新资源而不是外部合作。还有一种原因可能就是江西高校研发实力和所在区域的科技经济发展水平相对落后制约了本地区的产学研合作创新。

其次，从图 6－8、图 6－10、图 6－12 和图 6－14 的比较分析来看，即从江西省产学研合作创新合作网络演化过程对比而言，网络连接的总体密度有增大的趋势，即表明主体参与合作创新的人次增加、参与活跃度有所增加。

再次，为了展示在合作创新活动中，哪些主体处于关键位置和起到重要连接作用，我们绘制了基于中心度的合作网络图谱，如图 6－9、图 6－11、图 6－13 和图 6－15 所示，图中矩形框越大，表明其中心度越大，意味着该主体参与的合作创新也越多，在各单位之间的合作中处于关键的连接位置，其合作创新活跃度也最大。例如，图 6－13 中的江西理工大学就处于最大中心度位置，从基础数据中也发现，其参与获奖的数量也最多。从三个图的对比中可以发现，中心度存在由分散的较多小中心向集中的较少大中心转变的趋势，这即表明网络演化路径呈现网络密集度逐步提升，核心组织逐渐突显的趋势。特别是江西省产学研合作创新网络表现出明显的向某几个创新主体集中的趋势。

最后，通过中心度的合作创新网络图谱我们还发现，大学和研究院所越来越成为产学研合作创新活动中的关键连接点。

6.6　本章小结

现实中的产学研合作网络呈现怎样的特征，如何根据这些特征发现其存在的问题，进而提出解决的措施来提升产学研合作的科技创新效率。因此，本章基于2015～2018年江西省科学技术进步奖励获奖名单数据和社会网络分析方法，研究了江西省产学研合作创新网络结构特征，得到以下结论：

第一，从网络节点特征来看，江西省产学研合作不同参与主体的参与深度和强度差异性较大，即高校和企业参与深度较高，但参与广度较低；而科研院所的参与深度较低，但参与广度都较高。另外，参与主体中，企业和科研院所以省内居多；相反，高校则是省外数量远高于省内数量。

第二，从横截面数据来看，在整体网络结构上，江西省产学研合作创新网络密度较小，网络的节点度数分布相当不均匀。表明江西省产学研创新网络较松散，网络成员之间合作较少且局限于少数节点，参与主体之间知识共享度较弱，创新仍依赖于自己内部合作而不是外部合作，合作创新行为有待加强。

第三，从纵向面数据来看，在整体网络结构上，网络密度有增大趋势，但总体仍是稀疏网络，即江西省产学研合作创新活跃度有所增加，但整体合作关系还比较缺乏。

第四，从局部网络结构来看，江西省产学研合作创新网络表现出明显的向某几个创新主体集中的趋势，网络中心度更加收敛和集中，即合作创新活动的开展越来越依赖于少数重要个体的参与和连接作用。

根据上述研究结论，本书认为：

第一，产学研合作创新的根本目的在于一方面能充分利用各参与主体的优势资源解决创新能力不足的问题；另一方面则是解决供给侧和需求侧有效对接的问题，即产、学、研各自分割而导致的学、研不能有效转化以及企业想要的却找不到合适的学、研成果等问题，因此提高各主体参与合作创新的积极性就非常必要。然而当前的现状是产、学、研的合作创新度并不活跃，尤其是作为知识重要提供者的高校参与产学研的广度不足。因此政府管理者需要了解在当前鼓励合作创新的大背景下，为什么合作创新活跃度不高，是各主体内部具有足够的能力不需要合作还是参与合作创新存在很多的障碍与额外成本呢？只有搞清楚这些问题才能有针对性地提升产学研合作创新效果。

第二，合作创新的中心度提升表明少数主体在合作创新中起到重要的关联作用，因此政府管理者应该对该类主体给予足够支持，让其发挥中介桥梁作用，做到有的放矢，进而提升合作创新绩效。

第三，高校和科研院所明显在产学研合作创新中占据重要核心位置，因此如何推动高校、科研院所更积极地参与到与企业的合作创新活动中是提升产学研合作创新绩效的重要环节。例如，在图 6 – 8 ~ 图 6 – 15 中，可以发现江西理工大学、南昌大学、国网江西电力科学研究院等成为明显的中心节点，然而在江西具有重要影响的战略性新兴产业——航空产业方面，南昌航空大学却没有明显的合作，这与其影响力和特色是不匹配的。因此，如何促进和推动具有典型特色的大学和科研院所与区域战略性新兴产业企业合作创新，对推动区域整体产学研合作创新绩效具有重要的意义。同时这种高校、科研院所与企业的相互结合也是我国通过产学研合作来驱动创新发展的重要路径。再者，不仅要推动核心高校（即科研实力雄厚的）积极参与产学研合作，而且更需要推动数量较多的普通高校（科研实力较弱，或主要面向应用型高校尤其是高职院校）参与到产学研合作当中来，这是真正实现产学研合作创新发展来提升科技创新绩效的重要环节。

参考文献

[1] 蔡宁，潘松挺. 网络关系强度与企业技术创新模式的耦合性及其协同演化——以海正药业技术创新网络为例［J］. 中国工业经济，2008（4）：137－144.

[2] 曹霞，李传云，于娟，于兵. 市场机制和政府调控下的产学研合作创新网络演化博弈仿真——以新能源汽车产业为例［J］. 系统管理学报，2020，29（3）：464－474.

[3] 曹霞，刘国巍. 产学研合作创新网络规模、连接机制与创新绩效的关系研究——基于多主体仿真和动态系统论视角［J］. 运筹与管理，2015，24（2）：246－254.

[4] 曹霞，于娟. 联盟伙伴视角下产学研联盟稳定性提升路径——理论框架与实证分析［J］. 科学学研究，2016，34（10）：1522－1531.

[5] 陈光华，王烨，杨国梁. 地理距离阻碍跨区域产学研合作绩效了吗？［J］. 科学学研究，2015，33（1）：76－82.

[6] 陈伟，周文，郎益夫等. 产学研合作创新网络结构和风险研究——以海洋能产业为例［J］. 科学学与科学技术管理，2014，35（9）：59－66.

[7] 陈文婕，曾德明，邹思明. 全球低碳汽车技术合作创新网络演化路径研究［J］. 科研管理，2016，37（8）：28－36.

[8] 陈子凤，官建成. 合作网络的小世界性对创新绩效的影响［J］. 中国管理科学，2009，17（3）：115－120.

[9] 成泷，蔡俊亚，杨毅，贾卫峰. 依赖性与嵌入性：产学研合作创新持续性研究［J］. 科技进步与对策，2020，37（10）：29－36.

[10] 党兴华，孙永磊. 技术创新网络位置对网络惯例的影响研究——以组织间信任为中介变量［J］. 科研管理，2013，34（4）：1－8.

[11] 刁丽琳，朱桂龙，许治. 国外产学研合作研究述评、展望与启示［J］. 外国经济与管理，2011，33（2）：48－57.

[12] 董锋，树琳，李靖云，乔均. 产学研协同创新效率及提升路径研究［J］. 运筹与管理，2018，27（10）：185－192.

[13] 窦红宾，王正斌. 网络结构对企业成长绩效的影响研究——利用性学习、探索性学习的中介作用［J］. 南开管理评论，2011，14（3）：15－25.

[14] 窦红宾，王正斌. 网络结构、知识资源获取对企业成长绩效的影响——以西安光电子产业集群为例［J］. 研究与发展管理，2012，24（1）：44－51.

[15] 方刚，顾莉莉. 基于SECI拓展模型的产学研协同创新知识转化行为研究［J］. 软科学，2019，33（6）：24－29，36.

[16] 方炜，王莉丽. 协同创新网络的研究现状与展望［J］. 科研管理，2018，39（9）：33－44.

[17] 高霞，陈凯华. 合作创新网络结构演化特征的复杂网络分析［J］. 科研管理，2015，36（6）：28－36.

[18] 高霞，其格其，曹洁琼. 产学研合作创新网络开放度对企业创新绩效的影响［J］. 科研管理，2019，40（9）：231－240.

[19] 郭东明. 落实创新驱动战略 促进高校科技协同创新［J］. 中国高等教育，2014（20）：17－20.

[20] 何郁冰，张迎春. 网络类型与产学研协同创新模式的耦合研究［J］. 科学学与科学技术管理，2015，36（2）：62－69.

[21] 何郁冰，张迎春. 网络嵌入性对产学研知识协同绩效的影响［J］. 科学学研究，2017，35（9）：1396－1408.

[22] 花磊，王文平. 不同创新类型下的有效创新网络结构［J］. 管理工程学报，2014，28（3）：110－119，90.

[23] 华宏鸣. 我国组织“产学研联合开发工程”［J］. 研究与发展管理，1992（3）：3.

[24] 黄菁菁. R&D投入与产学研协同创新——人力资本投入的门槛检验［J］. 软科学，2019，33（11）：16－21.

[25] 黄明东，李炜巍，黄俊. 中国产学研合作发展现状及对策研究［J］. 科技进步与对策，2017（19）：22－27.

[26] 惠青，邹艳. 产学研合作创新网络、知识整合和技术创新的关系研究 [J]. 软科学，2010，24 (3)：4-9.

[27] 霍晓艳，宿慧爽. 产学研合作创新网络强度对创新绩效的影响研究 [J]. 统计与决策，2014 (22)：143-145.

[28] 嵇留洋. 高校信息披露对产学研合作公共地悲剧的治理研究 [J]. 江苏大学学报（社会科学版），2020，22 (3)：113-124.

[29] 嵇留洋，刘良灿，张渊，张同建. 互惠性偏好下产学研协同创新演化博弈分析 [J]. 科技管理研究，2018，38 (18)：74-78.

[30] 雷小苗，李良艳，王蓉. 新时代产学研协同创新的路径研究 [J]. 管理现代化，2020，40 (3)：36-38.

[31] 李晨蕾，柳卸林，朱丽. 国际研发联盟网络结构对企业创新绩效的影响研究——基于社会资本视角 [J]. 科学学与科学技术管理，2017，38 (1)：52-61.

[32] 李林，王艺，黄冕，胡芳. 政府介入与产学研协同创新运行机制选择关系研究 [J]. 科技进步与对策，2020，37 (10)：11-20.

[33] 李梅芳，赵永翔，唐振鹏. 产学研合作成效关键影响因素研究——基于合作开展与合作满意的视角. 科学学研究. 2012，(12)：1871-1880.

[34] 李明星，苏佳璐，胡成，李泽宇，温明. 产学研合作创新绩效影响因素元分析研究 [J]. 科技进步与对策，2020，37 (6)：61-69.

[35] 李培凤. 不同省域政产学研合作体系的耦合效应比较 [J]. 科技管理研究，2018，38 (9)：99-103.

[36] 李守伟，朱瑶. 合作创新网络结构特征对企业创新绩效的影响研究——以新能源汽车产业为例 [J]. 工业技术经济，2016，35 (11)：137-144.

[37] 李梓涵昕，朱桂龙. 产学研合作中的主体差异性对知识转移的影响研究 [J]. 科学学研究，2019，37 (2)：320-328.

[38] 林少疆，徐彬，陈佳莹. 企业创新网络结构嵌入性对协同创新能力影响的实证研究——共生行为的中介作用 [J]. 软科学，2016，30 (6)：16-19.

[39] 刘芳. 社会资本对产学研合作知识转移绩效影响的实证研究 [J]. 研究与发展管理，2012，24 (1)：103-111.

[40] 刘凤朝，姜滨滨. 中国区域科研合作网络结构对绩效作用效果分

析——以燃料电池领域为例［J］. 科学学与科学技术管理，2012，33（1）：109－115.

［41］刘凤朝，马荣康，姜楠. 基于"985高校"的产学研专利合作网络演化路径研究［J］. 中国软科学，2011（7）：178－192.

［42］刘国巍. 产学研合作创新网络的内涵、基本结构与测度［J］. 管理现代化，2015a，35（1）：61－63.

［43］刘国巍. 产学研合作创新网络时空演化模型及实证研究——基于广西2000－2013年的专利数据分析［J］. 科学学与科学技术管理，2015b，36（4）：64－74.

［44］刘和东，刘权. 信誉视角下产学研合作的多边治理机制研究［J］. 南京工业大学学报（社会科学版），2020，19（2）：89－99，112.

［45］刘满凤，唐厚兴. 组织间知识溢出吸收模型与仿真研究［J］. 科研管理，2011，32（9）：74－82.

［46］刘一新，张卓. 政府资助对产学研协同创新绩效的影响——来自江苏省数据［J］. 科技管理研究，2020，40（10）：42－47.

［47］刘则渊. 科学知识图谱：方法与应用［M］. 北京：人民出版社，2008.

［48］卢艳秋，叶英平. 产学研合作中网络惯例对创新绩效的影响［J］. 科研管理，2017，38（3）：11－17.

［49］罗琳，顾新. 智慧数据驱动的产学研协同创新知识管网研究［J］. 软科学，2017，31（6）：15－18.

［50］马文聪，叶阳平，徐梦丹，朱桂龙. "两情相悦"还是"门当户对"：产学研合作伙伴匹配性及其对知识共享和合作绩效的影响机制［J］. 南开管理评论，2018，21（6）：95－106.

［51］马莹莹，朱桂龙. 影响我国产学研合作创新绩效的行业特征［J］. 科技管理研究，2011，31（4）：98－100.

［52］马永红，刘海礁，柳清. 产业共性技术产学研协同研发策略的微分博弈研究［J］. 中国管理科学，2019，27（12）：197－207.

［53］糜志雄，张斌. 产学研协同创新的现状、问题与对策［J］. 宏观经济管理，2019（10）：46－51，58.

［54］熊建国. 政府在职业院校产学研合作中的作用探析［J］. 教育与

职业，2020（10）：46－50.

［55］任爱莲. 吸收能力对合作创新绩效的影响研究——来自中小电子信息科技企业的证据［J］. 科学管理研究，2010，28（1）：70－73，83.

［56］申俊喜. 创新产学研合作视角下我国战略性新兴产业发展对策研究［J］. 科学学与科学技术管理，2012，33（2）：37－43.

［57］孙永磊，党兴华，宋晶. 基于网络惯例的双元能力对合作创新绩效的影响［J］. 管理科学，2014，27（2）：38－47.

［58］唐厚兴. 社会网络结构对企业间知识共享影响研究综述［J］. 情报科学，2017，35（6）：164－170.

［59］王海军，成佳，邹日菘. 产学研用协同创新的知识转移协调机制研究［J］. 科学学研究，2018，36（7）：1274－1283.

［60］王海军，祝爱民. 产学研协同创新理论模式：研究动态与展望［J］. 技术经济，2019，38（2）：62－71.

［61］王宏蕾，张旭东. 产学研协同创新中的主体差异与交互策略研究［J］. 黑龙江高教研究，2019，37（5）：41－44.

［62］王璐璐，张卓，刘一新. 江苏省产学研合作创新网络结构特征及其优化策略［J］. 科技管理研究，2018，38（8）：94－99.

［63］王永梅，王峥，张黎. 科研院所技术转移绩效影响因素的实证研究——基于技术供给方的视角［J］. 科学学与科学技术管理，2014，35（11）：108－116.

［64］温平川，杨朝琴. 基于场域交互的产学研知识互补动态演化过程研究［J］. 科技管理研究，2019，39（5）：145－152.

［65］吴慧，顾晓敏. 产学研合作创新绩效的社会网络分析［J］. 科学学研究，2017，（10）：1578－1586.

［66］吴兴宇，王满. 产学研协同创新视角下联盟网络嵌入对创新绩效的影响［J］. 科技进步与对策，2020，37（3）：16－23.

［67］肖丁丁，朱桂龙. 跨界搜寻对组织双元能力影响的实证研究——基于创新能力结构视角［J］. 科学学研究，2016，34（7）：1076－1085.

［68］谢科范，董芹芹，张诗雨. 联盟能力视角下的产学研战略联盟实证分析［J］. 经济纵横，2009（4）：105－107.

［69］熊春林，李卉，尹慧慧. 新世纪以来我国农村农业信息化研究的

热点识别与趋势预测 [J]. 科技管理研究, 2019, 39 (15): 182-190.

[70] 薛澜, 姜李丹, 黄颖, 梁正. 资源异质性、知识流动与产学研协同创新——以人工智能产业为例 [J]. 科学学研究, 2019, 37 (12): 2241-2251.

[71] 杨水利, 史童, 王春嬉, 魏书妍, 刘欢. 产学研合作耦合关系对科技成果转化绩效的影响研究——组织学习的中介作用 [J]. 科技管理研究, 2019, 39 (4): 211-217.

[72] 于海宇. 构建政产学研协同科技创新体系的思考 [J]. 科学管理研究, 2019, 37 (4): 12-16.

[73] 于天琪. 产学研协同创新模式研究——文献综述 [J]. 工业技术经济, 2019, 38 (7): 88-92.

[74] 余维新, 熊文明, 魏奇锋, 王彬彬. 关系产权、知识溢出与产学研协同创新的稳定性研究 [J]. 软科学, 2018, 32 (12): 24-28.

[75] 俞新武, 屠盈盈, 蒋天颖. 产学研合作与创新绩效关系的 META 分析 [J]. 科技管理研究, 2017, 37 (6): 98-105.

[76] 解学梅, 刘丝雨. 协同创新模式对协同效应与创新绩效的影响机理 [J]. 管理科学, 2015, 28 (2): 27-39.

[77] 解学梅, 吴永慧, 赵杨. 协同创新影响因素与协同模式对创新绩效的影响——基于长三角 316 家中小企业的实证研究 [J]. 管理评论, 2015, 27 (8): 77-89.

[78] 解学梅, 左蕾蕾, 刘丝雨. 中小企业协同创新模式对协同创新效应的影响——协同机制和协同环境的双调节效应模型 [J]. 科学学与科学技术管理, 2014, 35 (5): 72-81.

[79] 袁剑锋, 许治, 翟铖. 中国产学研合作网络权重结构特征及演化研究 [J]. 科学学与科学技术管理, 2017, 38 (2): 115-126.

[80] 曾明彬, 李玲娟. 产学研技术转移推进的错位现象研究——基于技术转移方和接收方双边视角的分析 [J]. 管理评论, 2019, 31 (11): 108-114.

[81] 张米尔, 武春友. 产学研合作创新的交易费用 [J]. 科学学研究, 2001 (1): 89-92.

[82] 张艺, 陈凯华, 朱桂龙. 中国科学院产学研合作网络特征与影响

[J]. 科学学研究, 2016, 34 (3): 404-417.

[83] 张艺, 龙明莲, 朱桂龙. 产学研合作网络对学研机构科研团队的学术绩效影响——知识距离的调节作用 [J]. 科技管理研究, 2018a, 38 (21): 113-123.

[84] 张艺, 龙明莲, 朱桂龙. 产学研合作网络对学研机构科研团队学术绩效的影响路径研究 [J]. 管理学报, 2018b, 15 (10): 1011-1018.

[85] 赵爽. 网络特征与产学研合作创新绩效关系的实证研究 [J]. 大连大学学报, 2014, 35 (4): 114-118.

[86] 中国共产党中央委员会. 关于深化科技体制改革加快国家创新体系建设的意见 [Z]. 2012-09-23.

[87] 朱桂龙, 张艺, 陈凯华. 产学研合作国际研究的演化 [J]. 科学学研究, 2015, 33 (11): 1669-1686.

[88] Aarikka-stenroos L., Ritala P. Network management in the era of ecosystems: Systematic review and management framework [J]. Industrial Marketing Management, 2017, 67 (11): 23-36.

[89] Abrahamson E., Rosenkopf L. Social network effects on the extent of innovation diffusion: a computer simulation [J]. Organization Science, 1997, 8, (3): 289-309.

[90] Ahuja G. Collaboration networks, structural holes, and innovation: A longitudinal study [J]. Administrative Science Quarterly, 2000, 45 (3): 425-455.

[91] Ahuja G., Katila R. Technological acquisitions and the innovation performance of acquiring firms: A longitudinal study [J]. Strategic Management Journal, 2001, 22 (3): 197-220.

[92] Amblard F., Deffuant G. The role of network topology on extremism propagation with the relative agreement opiniondynamics [J]. Physica A: Statistical Mechanics and its Applications, 2004 (343): 725-738.

[93] Baggio R., Copper C. Knowledge transfer in a tourism destination: the effects of a network structure [J]. The Service Industries Journal, 2010, 30 (10): 1757-1771.

[94] Barabási A. L., Albert R. Emergence of scaling in random networks

[J]. Science, 1999 (286): 509-512.

[95] Barnes T., Pashby I., Gibbons A. Effective university-industry interaction: a multi-case evaluation of collaborative R&D projects [J]. European Management Journal, 2002, 20 (3): 272-285.

[96] Baum J. A. C., Cowan R., Jonard N. Does evidence of network effects on firm performance in pooled cross-section support prescriptions for network strategy? [J]. Strategic Management Journal, 2014, 35 (5): 652-667.

[97] Baum J. A. C., Cowan R., Jonard N. Network-independent partner selection and the evolution of innovation networks [J]. Management Science, 2010, 56 (11): 2094-2110.

[98] Beers C., Zand F., R&D cooperation, partner diversity, and innovation performance: an empirical analysis [J]. Journal of Product Innovation Management, 2014, 31 (2): 292-312.

[99] Bell D. Modes of exchange: gift and commodity [J]. The Journal of Socio-Economics, 1991, 20 (2): 155-167.

[100] Bellini E., Piroli G., Pennacchio L. Collaborative know-how and trust in university-industry collaborations: empirical evidence from ICT firms [J]. Journal of Technology Transfer, 2018 (4): 1-25.

[101] Bonaccorsi A., Piccaluga A. A theoretical framework for the evaluation of university-industry relationships [J]. R&D Management, 1994, 24 (3): 229-247.

[102] Burt R. S., Knez M. Kinds of third-party effects on trust [J]. Rationality and Society, 1995, 7 (3): 255-292.

[103] Burt R. S. Structural holes: The social structure ofcompetition [M]. Cambridge USA: Harvard University Press, 1992.

[104] Burt R. Structural holes and goodideas [J]. American Journal of Sociology, 2004 (110): 349-399.

[105] Cadogan J. W. International marketing, strategic orientations and businesssuccess [J]. International Marketing Review, 2012, 29 (4): 340-348.

[106] Capaldo A. Network structure and innovation: The leveraging of a dual network as a distinctive relational capability [J]. Strategic Management Journal,

2007, 28 (6): 585 - 608.

[107] Chen M. H. , Wang M. C. Social networks and a new venture's innovative capability: The role of trust within entrepreneurial teams [J]. R&D Management, 2008, 38 (3): 253 - 264.

[108] Choi H. , Kim S. H. , Lee J. Role of network structure and network effects in diffusion of innovations [J]. Industrial Marketing Management, 2010, 39 (1): 170 - 177.

[109] Cohen W. M. , Levinthal D. A. Absorptive capacity: A new perspective on learning and innovation [J]. Administrative Science Quarterly, 1990, 35 (1): 128 - 152.

[110] Coleman J. S. Social capital in the creation of human capital [J]. American Journal of Sociology, 1988 (94): S95 - S120.

[111] Collins C. J. , Smith K. G. Knowledge exchange and combination: the role of human resource practices in the performance of high-technology firms [J]. Academy of Management Journal, 2006, 49 (3): 544 - 560.

[112] Cowan R. , Jonard N. Knowledge portfolios and the organization of innovation networks [J]. Academy of Management Review, 2009, 34 (2): 320 - 342.

[113] Cowan R. , Jonard N. Network architecture, barter exchange and the diffusion of ideas [J]. International Journal of Agricultural Resources, Governance and Ecology, 2007a, 6 (2): 165 - 178.

[114] Cowan R. , Jonard N. Network structure and the diffusion of knowledge [J]. Journal of Economic Dynamics and Control, 2004, 28 (8): 1557 - 1575.

[115] Cowan R. , Jonard N. Structural holes, innovation and the distribution of ideas [J]. Journal of Economic Interaction and Coordination, 2007b, 2 (2): 93 - 110.

[116] Cowan R. , Jonard N. , Özman M. Knowledge dynamics in a network industry [J]. Technological Forecasting and Social Change, 2004, 71 (5): 469 - 484.

[117] Dahlander L. , O'mahony S. , Gann D. M. One foot in, one foot out: How does individuals' external search breadth affect innovation outcomes? [J]. Strategic Management Journal, 2016, 37 (2): 280 - 302.

[118] Delre S. A., Jager W., Janssen M. A. Diffusion dynamics in small-world networks with heterogeneous consumers [J]. Computational and Mathematical Organization Theory, 2007, 13 (2): 185-202.

[119] Dibrell C., Craig J. B., Neubaum D. O. Linking the formal strategic planning process, planning flexibility, and innovativeness to firm performance [J]. Journal of Business Research, 2014, 67 (9): 2000-2007.

[120] Drucker P. F. Post-CapitalistSociety [M]. New York: Harper Collins, 1993.

[121] Duysters G., Lemmens C. Alliance group formation: Enabling and constraining effects of embeddedness and social capital in strategic technology alliance networks [J]. International Studies of Management & Organization, 2003, 33 (2): 49-68.

[122] Dyer B., Song M. Innovation strategy and sanctioned conflict: A new edge in innovation? [J] Journal of Product Innovation Management, 1998, 15 (6): 505-519.

[123] Dyer J. H., Singh H. The relational view: cooperative strategy and sources of inter-organizational competitive advantage [J]. Academy of Management Review, 1998, 23 (4): 660-679.

[124] Ernst H. Success factors of new product development: A review of the empirical literature [J]. International Journal of Management Reviews, 2002, 4 (1): 1-40.

[125] Eslami H., Ebadi A., Schiffauerova A. Effect of collaboration network structure on knowledge creation and technological performance: the case of biotechnology in Canada [J]. Scientometrics, 2013, 97 (1): 99-119.

[126] Ettlie, J. E., Subramaniam M. Changing strategies and tactics for new product development [J]. Journal of Product Innovation Management, 2004, 21 (2): 95-109.

[127] Filieri R., Alguezaui S. Structural social capital and innovation: Is knowledge transfer the missing link? [J]. Journal of Knowledge Management, 2014, 18 (4): 728-757.

[128] Filieri, R., Mcnally, R. C., O'dwyer, M., O'malley, L. Structural

social capital evolution and knowledge transfer: Evidence from an Irish pharmaceuticalnetwork [J]. Industrial Marketing Management, 2014, 43 (3): 429 – 440.

[129] Fleming L., King C., Juda A. I. Small worlds and regional innovation [J]. Organization Science, 2007, 18 (6): 938 – 954.

[130] Forkmann S., Henneberg S. C., Mitrega M. Capabilities in business relationships and networks: Research recommendations and directions [J]. Industrial Marketing Management, 2018 (74): 4 – 26.

[131] Fréchet M., Goy H. Does strategy formalization foster innovation? Evidence from a French sample of small to medium-sized enterprises [J]. Management, 2017, 20 (3): 266 – 286.

[132] Galán-muros V., Plewa C. What drives and inhibits university-business cooperation in europe? A comprehensive assessment [J]. R&D Management. 2016, 46 (2): 369 – 382.

[133] Geuna A., Nesta L. University patenting and its effects on academic research: The emerging European evidence [J]. Research Policy, 2006, 35 (6): 790 – 807.

[134] Gilsing V., Nooteboom B. Density and strength of ties in innovation networks: an analysis of multimedia and biotechnology [J]. European Management Review, 2005, 2 (3): 179 – 197.

[135] Gilsing V., Nooteboom B., Vanhaverbeke W., Duysters G., Vanden Oord A. Network embeddedness and the exploration of novel technologies: technological distance, betweenness centrality and density [J]. Research Policy, 2008, 37 (10): 1717 – 1731.

[136] Gomes-casseres B., Hagedoorn J., Jaffe A. B. Do alliances promote knowledge flows? [J]. Journal of Financial Economics, 2006, 80 (1): 5 – 33.

[137] Granovetter M. Economic action and social structure: The problem ofembeddedness [J]. American Journal of Sociology, 1985, 91 (3): 481 – 510.

[138] Granovetter M. The myth of social network analysis as a special method in the socialsciences [J]. Connections, 1990, 13 (1 – 2): 13 – 16.

[139] Grant R. M., Baden-fuller C. A knowledge accessing theory of strategic alliances [J]. Journal of Management Studies, 2004, 41 (1): 61 – 84.

[140] Grant R. M. Prospering in dynamically-competitive environments: organizational capability as knowledge integration [J]. Organization Science, 1996, 7 (4): 375 – 387.

[141] Grant R. M. Toward a knowledge-based theory of the firm [J]. Strategic Management Journal, 1996, 17 (S2): 109 – 122.

[142] Gulati R., Gargiulo M. Where do inter-organizational networks come from? [J]. American Journal of Sociology, 1999, 104 (5): 1439 – 1493.

[143] Gulati R., Nohria N., Zaheer A. Strategic networks [J]. Strategic Management, 2000, 21 (3): 203 – 215.

[144] Gulati R. Prospering in dynamically-competitive environments: organizational capability as knowledge integration [J]. Organization Science, 1996, 7 (4): 619 – 652.

[145] Hagedoorn J., Duysters G. Learning in dynamic inter-firm networks: the efficacy of multiple contacts [J]. Organization Studies, 2002, 23 (4): 525 – 548.

[146] Hansen M. T. The search-transfer problem: The role of weak ties in sharing knowledge across organizationsubunits [J]. Administrative Science Quarterly, 1999, 44 (1): 82 – 111.

[147] Hargadon A., Fanelli A. Action and possibility: reconciling dual perspectives of knowledge in organizations [J]. Organization Science, 2002, 13 (3): 290 – 302.

[148] Hasan S., Bagde S. Peers and network growth: Evidence from a natural experiment [J]. Management Science, 2015, 61 (10): 2536 – 2547.

[149] Henning C., Saggau V. Networks, knowledge spillovers and technological progress of firms: simulations in an evolutionary framework [J]. International Journal of Innovation and Technology Management, 2013, 10 (5): 1340018.

[150] Henttonen K., Janhonen M., Johanson J. E. Internal social networks in work teams: structure, knowledge sharing and performance [J]. International Journal of Manpower, 2013, 34 (6): 616 – 634.

[151] Hermans R., Kauranen I. Value creation potential of intellectual capital in biotechnology-empirical evidence from Finland [J]. R&D Management,

2005, 35 (2): 171 – 185.

[152] Hernandeze, Menon A. Acquisitions, node Collapse, and network revolution [J]. Management Science, 2018, 64 (4): 1652 – 1671.

[153] Higgins M. C., Kram K. E. Reconceptualizing mentoring at work: a developmental network perspective [J]. The Academy of Management Review, 2001, 26 (2): 264 – 288.

[154] Hurtado-Torres N. E., Aragón-Correa J. A., Ortiz-de-Mandojana N. How does R&D internationalization in multinational firms affect their innovative performance? The moderating role of international collaboration in the energy industry [J]. International Business Review, 2018, 27 (3): 514 – 527.

[155] Kamasak, R. Determinants of innovation performance: A resource-basedStudy [J]. Procedia-Social and Behavioral Sciences, 2015 (195): 1330 – 1337.

[156] Kianto A., Waajakoski J. Linking social capital to organizational growth [J]. Knowledge Management Research & Practice, 2010, 8 (1): 4 – 14.

[157] Kim H., Park Y. Structural effects of R&D collaboration network on knowledge diffusion performance [J]. Expert Systems with Applications, 2009, 36 (5): 8986 – 8992.

[158] Kim T. H., Lee J. N., Chun J. U., Benbasat I. Understanding the effect of knowledge management strategies on knowledge management performance: A contingency perspective [J]. Information & Management, 2014, 51 (4): 398 – 416.

[159] Koch T., Windsperger J. Seeing through the network: Competitive advantage in the digital economy [J/OL]. Journal of Organization Design, 2017, 6 (1).

[160] Kohtamäki M., Partanen, Parida V., Wincent J. Non-linear relationship between industrial service offering and sales growth: The moderating role of network capabilities [J]. Industrial Marketing Management, 2013, 42 (8): 1374 – 1385.

[161] Koka B. R., Prescott J. E. Designing alliance networks: The influence of network position, environmental change, and strategy on firm performance [J]. Strategic Management Journal, 2008, 29 (6): 639 – 661.

[162] Koka B. R., Prescott J. E. Strategic alliances as social capital: A mul-

tidimensional view [J]. Strategic Management Journal, 2002, 23 (9): 795 -816.

[163] Koschatzky K. Networking and knowledge transfer between research and industry in transition countries: empirical evidence from the slovenian innovationsystem [J]. The Journal of Technology Transfer, 2002, 27 (1): 27 -38.

[164] Kumar K., Boesso G., Favotto F., et al. Strategic orientation, innovation patterns and performances of SMEs and large companies [J]. Journal of Small Business and Enterprise Development, 2012, 19 (1): 132 -145.

[165] Laciana C. E., Rovere S. L. Ising-like agent-based technology diffusion model: Adoption patterns vs. seeding strategies [J]. Physica A: Statistical Mechanics and its Applications, 2011, 390 (6): 1139 -1149.

[166] Lai Y., Hsu M., Lin F., Chen Y., Lin Y. The effects of industry cluster knowledge management on innovation performance [J]. Journal of Business Research, 2014, 67 (5): 734 -739.

[167] Latora V., Marchiori M. Efficient behavior of small-world networks [J]. Physical Review Letters, 2001, 87 (19): 198701.

[168] Lawler E. J., Yoon J. Network structure and emotion in exchange relations [J]. American Sociological Association, 1998, 63 (6): 871 -894.

[169] Lee Y. S. Technology transfer' and the research university: a search for the boundaries of university-industry collaboration [J]. Research Policy, 1996, 25 (6): 843 -863.

[170] Lincoln, T. A. Problems and Rewards in University-Industry CooperativeResearch [J]. Archives of Environmental Health, 1966, 12 (4): 452 -456.

[171] Lin M., Li N. Scale-free network provides an optimal pattern for knowledgetransfer [J]. Physica A: Statistical Mechanics and its Applications, 2010, 389 (3): 473 -480.

[172] Lin N., Cook K., Burt R. S. Social Capital: Theory and Research [M]. Piscataway USA: Transaction Publishers, 2001.

[173] Lissoni F. Academic inventors as brokers [J]. Research Policy, 2010, 39 (7): 853 -857.

[174] Liu C. H. The effects of innovation alliance on network structure and density ofcluster [J]. Expert Systems with Applications, 2011, 38 (1): 299 -305.

[175] Lovejoy W. S., Sinha A. Efficient structures for innovative social networks [J]. Management Science, 2010, 56 (7): 1127-1145.

[176] Lusch R. F., Vargo S. I., Gustafsson A. Fostering a trans-disciplinary perspective of service ecosystems [J]. Journal of Business Research, 2016, 69 (8): 2957-2963.

[177] Mazzola E., Perrone G., Kamuriwo D. S. Network embeddedness and new product development in the biopharmaceutical industry: The moderating role of open innovation flow [J]. International Journal of Production Economics, 2015 (160): 106-119.

[178] Mazzola E., Perrone G., Kamuriwo D. S. Network positions and the probability of being acquired: An empirical analysis in the biopharmaceutical industry [J]. British Journal of Management, 2016a, 27 (3): 516-533.

[179] Mazzola E., Perrone G., Kamuriwo D. S. The interaction between inter-firm and interlocking directorate networks on firm's new product development outcomes [J]. Journal of Business Research, 2016, 69 (2): 672-682.

[180] Ma Z. Z., Yu M. Y., Gao C. Y., Zhou J. R., Yang Z. N. Institutional constraints of product innovation in China: Evidence from international joint ventures [J]. Journal of Business Research, 2015, 68 (5): 949-956.

[181] Mcfadyen M. A., Cannella A. A. Social capital and knowledge creation: Diminishing returns of the number and strength of exchange relationships [J]. Academy of Management Journal, 2004, 47 (5): 735-746.

[182] Molina-morales F. X., Martínez-fernández M. T. Social networks: effects of social capital on firm innovation [J]. Journal of Small Business Management, 2010, 48 (2): 258-279.

[183] Moran, P. Structural vs. relationalembeddedness: social capital and managerial performance [J]. Strategic Management Journal, 2005, 26 (12): 1129-1151.

[184] Morone A., Morone P., Taylor R. A laboratory experiment of knowledge diffusion dynamics [M] //Innovation, Industrial Dynamics and Structural Transformation. Berlin, Heidelberg: Springer, 2007: 283-302.

[185] Morone P., Taylor R. Knowledge diffusion and innovation: modeling

complex entrepreneurial behaviors [M]. Cheltenham UK: Edward Elgar Publishing, 2010.

[186] Morone P., Taylor R. Knowledge diffusion dynamics and network properties of face-to-faceinteractions [J]. Journal of Evolutionary Economics, 2004, 14 (3): 327 -351.

[187] Mors M. L. Innovation in a global consulting firm: When the problem is too much diversity [J]. Strategic Management Journal, 2010, 31 (8): 841 -872.

[188] Mowery D. C., Oxley J E, Silverman B. S. Technological overlap and interfirm cooperation: implications for the resource-based view of the firm [J]. Research Policy, 1998, 27 (5): 507 -523.

[189] Mueller M., Bogner K., Buchmann T., et al. The effect of structural disparities on knowledge diffusion in networks: an agent-based simulationmodel [J]. Journal of Economic Interaction and Coordination, 2017, 12 (3): 613 -634.

[190] Mullere, Peres R. The effect of social networks structure on innovation performance: A review and directions for research [J]. International Journal of Research in Marketing, 2019 (36): 3 -19.

[191] Nieves J., Osorio J. The role of social networks in knowledge creation [J]. Knowledge Management Research & Practice, 2013, 11 (1): 62 -77.

[192] Nonaka I. A dynamic theory of organizational knowledge creation [J]. Organization Science, 1994, 5 (1): 14 -37.

[193] Nonaka I. The knowledge creating company [J]. Harvard Business Review, 1991, 69 (6): 96 -104.

[194] Nooteboom B. Inter-firm alliances: analysis and design [M]. Hove, United Kingdom: Psychology Press, 1999.

[195] Obstfeld D. Social networks, the tertius iungens orientation, and involvement in innovation [J]. Administrate Science Quarterly, 2005 (50): 100 -130.

[196] Oecd. The knowledge-based economy. Paris: OECD Publications, 1996.

[197] Owen-smith J., Powell W. W. Knowledge networks as channels and conduits: The effects of spillovers in the Boston biotechnology community [J]. Organization Science, 2004, 15 (1): 5 -21.

[198] Oxley J. E. Appropriability hazards and governance in strategic alli-

ances: A transaction cost approach [J]. The Journal of Law, Economics, and Organization, 1997, 13 (2): 387 -409.

[199] Perkmann M., Tartari V., Mckelvey M., et al. Academic engagement and commercialization: A review of the literature on university-industry relations [J]. Research Policy, 2013, 42 (2): 423 -442.

[200] Phelps C. A longitudinal study of the influence of alliance network structure and composition on firm exploratory innovation [J]. Academy Management Journal, 2010, 53 (4): 890 -913.

[201] Podolny J. M. Networks as the pipes and prisms of the market [J]. American Journal of Sociology, 2001, 107 (1): 33 -60.

[202] Pérez-luño A., Medina C. C., Lavado A. C., Rodríguez G C. How social capital and knowledge affect innovation [J]. Journal of Business Research, 2011, 64 (12): 1369 -1376.

[203] Putnam R. D. Bowling Alone: The collapse and revival of American community [M]. New York: Simon & Schuster, 2000

[204] Putnam R. D., Leonardi R., Nonetti R Y. Making democracy work: civic traditions in modern Italy [M]. Princeton USA: Princeton University Press, 1994.

[205] Reagans R., Mcevily, B. Network structure and knowledge transfer: the effects of cohesion and range [J]. Administrative Science Quarterly, 2003, 48 (2): 240 -267.

[206] Rost K. The strength of strong ties in the creation of innovation [J]. Research Policy, 2011, 40 (4): 588 -604.

[207] Schilling M. A., Phelps C. C. Interfirm collaboration networks: The impact of large-scale network structure on firm innovation [J]. Management Science, 2007, 53 (7): 1113 -1126.

[208] Siegel D. S., Waldman D. A., Atwater L. E., et al. Commercial knowledge transfers from universities to firms: improving the effectiveness of university-industry collaboration [J]. Journal of High Technology Management Research, 2003, 14 (1): 111 -133.

[209] Singh J., Hansen M. T., Podolny J. M. The world is not small for

everyone: Inequity in searching for knowledge in organizations [J]. Management Science, 2010, 56 (9): 1415 - 1438.

[210] Sirén C., Kohtamäki M. Stretching strategic learning to the limit: The interaction between strategic planning and learning [J]. Journal of Business Research, 2016, 69 (2): 653 - 663.

[211] Soh P. H. The role of networking alliances in information acquisition and its implication for new product performance [J]. Journal of Business Venturing, 2003 (18): 727 - 744.

[212] Song M., Chen Y. Organizational attributes, market growth, and product innovation [J]. Journal of Product Innovation Management, 2014, 31 (6): 1312 - 1329.

[213] Sorenson O., Rivkin J. W., Fleming L. Complexity, networks and knowledge flow [J]. Research Policy, 2006 (35): 994 - 1017.

[214] Stauffer D., Sahimi M. Diffusion in scale-free networks with annealeddisorder [J]. Physical Review E, 2005, 72 (4): 16 - 29.

[215] Tang F., Mu J., Maclachlan D L. Disseminative capacity, organizational structure and knowledgetransfer [J]. Expert Systems with Applications, 2010, 37 (2): 1586 - 1593.

[216] Tang F., Xi Y., Ma J. Estimating the effect of organizational structure on knowledge transfer: a neural network approach [J]. Expert Systems with Applications, 2006, 30 (4): 796 - 800.

[217] Uzzi B. Social structure and competition in interfirm networks: The paradoxof embeddedness [J]. Administrative Science Quarterly, 1997, 42 (1): 35 - 67.

[218] Uzzi B. The sources and consequences of embeddedness for the economic performance of organizations: the network effect [J]. American Sociological Review, 1996, 61 (4): 674 - 698.

[219] Van-egeraat C., Curran D. Social networks and actual knowledge flow in the Irish Biotech Industry [J]. European Planning Studies, 2014 (22): 1109 - 1126.

[220] Vanhaverbeke W., Gilsing V., Beerkens B., Duysters G. The role of

alliance network redundancy in the creation of core and non-core technologies: A local action approach [J]. Journal of Management Studies, 2009, 46 (2): 215 - 244.

[221] Vragović I, Louis E., Díaz-guilera A. Efficiency of informational transfer in regular and complex networks [J]. Physical review. E, Statistical, nonlinear, and soft matter physics. 2005 (71).

[222] Walker G., Kogut B., Shan W. Social capital, structural holes and the formation of an industry network [J]. Organization Science, 1997, 8 (2): 109 - 125.

[223] Watts D. J., Strogatz S. H. Collective dynamics of 'small-world' networks [J]. Nature, 1998 (393): 440 - 442.

[224] Wright M., Liu X., Buck T., Filatotchev I. Returnee entrepreneurs, science park location and performance: An analysis of high-technology SMEs in China [J]. Entrepreneurship Theory and Practice, 2008, 32 (1): 131 - 155.

[225] Xuan Z., Xia H., Du Y. Adjustment of knowledge-connection structure affects the performance of knowledge transfer [J]. Expert Systems with Applications, 2011, 38 (12): 14935 - 14944.

[226] Yamaguchi K. The flow of information through social networks: diagonal-free measures of inefficiency and the structural determinants of inefficiency [J]. Social Networks, 1994, 16 (1): 57 - 86.

[227] Yves F. The strategic role of university-industry liaison offices [J]. Journal of Research Administration, 2000 (2): 142 - 160.

[228] Zaidi F., Pasta M. Q., Sallaberry A., Melançon G. Social ties, homophily and extraversion-introversion to generate complex networks [J]. Social Network Analysis and Mining, 2015, 5 (1): 1 - 12.

[229] Zhang D., Hu P., Kotabe M. Marketing-industrial design integration in new product development: The case of China [J]. Journal of Product Innovation Management, 2011, 28 (3): 360 - 373.

[230] Zhang Y., Li X., Aziz-alaoui M. A., Bertelle C., Guan J., et al. Knowledge diffusion in complex networks [J]. Concurrency and Computation: Practice and Experience, 2017, 29 (3): 1 - 13.

后　记

本书是江西省教育厅科技项目《江西产学研合作网络对科技创新绩效影响的建模与仿真》（批准号：GJJ170998）的最终成果，同时也是国家自然科学基金项目《社会网络结构嬗变对企业间知识共享的影响机制研究》（批准号：71661022）的阶段性成果。

本书在形成过程中得到了很多人的帮助，首先感谢我在加拿大温莎大学商学院访学期间的指导老师马振中教授，书中的一些思路正是在马教授的启发指导下获得的。其次感谢梁威博士、李文华老师、徐秋萍博士、方芳博士。在本书写作过程中与他们进行了很多的交流，为我的写作内容提供了新观点，也为理论建模和计算提供了许多帮助。感谢学生刘梦婷在实证分析中搜集了大量数据并进行了初步整理和分析。最后感谢学院领导和家人对我的支持和鼓励。

本书的研究也仅仅是在前人的基础上进行了些许的改进和深入，做出的贡献也许微不足道，但至少是在社会网络结构对产学研协同创新绩效影响方面的一个有益探索，也是为研究社会网络结构在知识转移方面作用的同行提供一些借鉴。

由于能力和水平有限，无论是在理论模型的构建还是实验、实证分析的设计上肯定存在不少缺陷与不足，诚挚欢迎同行朋友们提出宝贵意见，这也是激励我不断深入研究的动力。路漫漫其修远兮，吾将上下而求索！

唐厚兴

2020 年 6 月